HEIKO *PROBST*

TEURE IRRTÜMER
BEI DER GELDANLAGE

novum premium

Dieses Buch ist auch als
e-book
erhältlich.

Bibliografische Information
der Deutschen Nationalbibliothek:

Die Deutsche Nationalbibliothek
verzeichnet diese Publikation in
der Deutschen Nationalbibliografie.
Detaillierte bibliografische Daten
sind im Internet über
http://www.d-nb.de abrufbar.

Gedruckt in der Europäischen Union
auf umweltfreundlichem, chlor- und
säurefrei gebleichtem Papier.

© 2024 novum Verlag

ISBN 978-3-99130-627-6
Lektorat: Tobias Keil
Umschlagfoto:
VectorMine I Dreamstime.com
Umschlaggestaltung, Layout & Satz:
novum Verlag

www.novumverlag.com

Druckprodukt mit finanziellem
Klimabeitrag
ClimatePartner.com/16547-2311-1001

INHALTSVERZEICHNIS

EINLEITUNG

Es ist nun mal so, dass ich eine ureigene Meinung zum Thema Finanzen und Geldanlagen habe. Ich pachte dadurch nicht das Privileg, mit all meinen nachstehend dargelegten Gedanken in Gänze oder überhaupt echt zu haben. Manches mag sogar in letzter Konsequenz sachlich falsch sein. Ist aber hier nicht ausschlaggebend. Ich fordere auch nicht dazu auf, dass alle Menschen dieser Welt meine Meinung teilen sollen. Interessiert mich nicht! Insbesondere denjenigen unter euch, denen das hier nicht tief genug geht, nicht wissenschaftlich genug ist oder mitunter zu umgangssprachlich daherkommt – an euch richtet sich dieses Buch nicht. Ich möchte lediglich einigen Mitbürgern bezogen auf ihre Finanzen ein paar Gedanken mit auf den Weg geben. Macht damit, was ihr wollt. Mir ist aus Tausenden Gesprächen als Vermögensberater mit meinen Kunden (übrigens – nehmt euch in Acht vor Leuten, die als Vermögensberater auftreten und ihre Kunden nicht als „Kunden", sondern „Mandanten", „Klienten" oder Ähnliches betiteln! Die Erfahrung zeigt, dass viele von denen nicht viel Gutes im Schilde führen. Und mit solchen Titulierungen, na klar, soll eine vermeintliche Wertschätzung unterstrichen werden) und auch mit Freunden und Bekannten bewusst, dass die Kenntnisse in Deutschland, wenn es um Geldanlage geht, noch ausbaufähig sind. Und eine mangelnde Finanzbildung ist der Nährboden u. a. für Mythen und Halbwahrheiten. Denkt mal kurz nach – ist es nicht schon vorgekommen, dass ihr aufgrund einer für euch doch sooo maßgeschneiderten Beratung irrtümlich an ein für euch unpassendes Produkt geraten seid? Das gilt übrigens beileibe nicht allein für die Finanzbranche.

Wichtig: Ich bin kein Besserwisser. Kann ich auch nicht sein. Es gibt sicher nicht wenige da draußen, die von manchen Produkten viel mehr verstehen als ich. Vielleicht hat der ein oder andere auch einen besseren Gesamtüberblick. Nochmal – darauf kommt es mir hier nicht an. Ich bin kein Besserwisser. Ich bin ein Bessersteller. Ich wünsche mir, dass ich dem ein oder anderen die Augen öffnen kann, wodurch ihr euch finanziell besserstellen könnt.

Dieses Buch enthält keine Tipps bzgl. der Besteuerung von Geldanlagen. Sollte der Begriff Steuer irgendwo verwendet werden, gilt: Wendet euch für eine Auskunft bitte an euren Steuerberater.

Aus Gründen des Leseflusses verzichte ich auf das Gendern.

„Irrtümer sind die Stationen
auf dem Weg zur Wahrheit."

Dostojewski

WAS IST EIN IRRTUM?

Im weiteren Verlauf wird es hier schwerpunktmäßig um *Irrtümer* gehen. Dann sollten wir uns vorab die Mühe machen und festlegen, was wir unter dem Begriff *Irrtum* verstehen wollen. Für mich ist ein *Irrtum* eine falsche Annahme, Meinung oder Überzeugung. Es handelt sich um einen Fehler im Denken oder Wahrnehmen, bei dem eine Person etwas für wahr hält, obwohl es nicht der Realität entspricht. Dabei können *Irrtümer* auf verschiedenen Gründen beruhen, wie zum Beispiel mangelnder Information, falscher Interpretation, Vorurteilen oder falschen Schlussfolgerungen. Und sie können katastrophale Auswirkungen haben. Einige werden sich in den nächsten Kapiteln offenbaren, andere nicht.

Wichtig: *Irrtümer* passieren. Die Kunst ist es, sie einzusehen. Uns einzugestehen, dass wir ihnen in der Vergangenheit aufgesessen sind. Und sie, aufgrund neuer Informationen, zu überwinden.

IRRTÜMER IN DER GESCHICHTE

Einige Beispiele:

Die Erde ist flach: Früher glaubten viele Menschen, dass die Erde eine flache Scheibe sei. Heutzutage wissen wir jedoch, dass die Erde eine Kugel ist.

Die Erde ist der Mittelpunkt des Universums: Im Mittelalter glaubte man, dass die Erde der Mittelpunkt des Universums sei und sich alle anderen Himmelskörper um sie herum bewegen. Später wurde durch wissenschaftliche Erkenntnisse bewiesen, dass die Erde um die Sonne kreist.

Die Pest wird durch schlechte Luft verbreitet: Im Mittelalter glaubte man, dass die Pest durch „miasma", also schlechte Luft, übertragen würde. Heute wissen wir, dass die Pest durch Bakterien verursacht wird, die von Flöhen auf Ratten übertragen werden.

Wikinger trugen Helme mit Hörnern: Archäologen haben noch nie einen Wikingerhelm mit Hörnern gefunden. Dieser wäre im Kampf auch sperrig und unpraktisch gewesen. Zudem hätte er gegnerische Schläge auf den Kopf in der Wirkung verstärkt.

Made in Germany war schon immer ein deutsches Gütesiegel: Mitnichten. Kreiert haben es vor langer Zeit die Engländer. Dort sollten die Verbraucher davon abgehalten werden, aus Deutschland eingeführte Waren zu kaufen.

Wichtig: Du siehst an dieser Handvoll Beispiele – *Irrtümer* hat es immer gegeben, sie gibt es heute und auch in der Zukunft wird es sie geben. Sie gibt es immer und überall. Und somit auch bei der Geldanlage.

„Die größte Wohltat,
die man einem Menschen erweisen kann,
besteht darin,
dass man ihn vom Irrtum
zur Wahrheit führt."

Thomas von Aquin

VERBREITETE IRRTÜMER BEI DER GELDANLAGE

Allgemeines

Für die Anlage eures Geldes stehen euch mittlerweile beinahe unzählige Produkte zur Verfügung. Und ich bin mir sicher, dass ihr mit bestem Wissen und Gewissen schon ein paar davon abgeschlossen habt. Immer mit der festen Überzeugung, dass sie in genau diesem Moment die richtigen für eure Bedürfnisse waren. Nun die Frage: Hat sich das rückblickend immer als Treffer erwiesen? Wenn ja – Chapeau, gratuliere. Wenn nicht – nun, könnte es sein, dass ihr da einem *Irrtum* aufgesessen seid? Wir schauen uns das jetzt mal im Detail an. Wahrscheinlich sind mit jedem Geldanlageprodukt auch Erwartungen verknüpft, die auf einem oder mehreren *Irrtum/Irrtümern* basieren. Um diese verstehen zu können, nehmen wir nun elf Geldanlagemöglichkeiten und definieren zunächst, was sich im Einzelnen dahinter verbirgt. Wir betrachten die Geschichte der Produkte ebenso wie die Vor- und Nachteile (interessant dabei – hin und wieder wird ein und dasselbe Argument sowohl als Vorteil als auch als Nachteil ins Feld geführt –, aber wir werden das richtig einordnen!). Danach werden wir in der Lage sein, auf die jeweiligen Irrtümer einzugehen. Versprochen – da wartet die ein oder andere Überraschung auf euch. Und mit einem generellen Irrtum zum Thema Geldanlage räumen wir auch noch auf. Danach geht es zum kurzen Resümee, welches den Textteil abschließt. Im Anhang folgen dann noch die gesamten Irrtümer tabellarisch zusammengefasst. Den Abschluss bildet, ebenfalls in Tabellenform, die Kurzerklärung für einige im Text verwendete (aber nicht näher beschriebene) Fachbegriffe.

Ein besonderer Aspekt im Spannungsfeld Finanzprodukte/ Irrtümer wird die *Inflation* sein. Dieser Begriff schwebt offenbar wie ein Damoklesschwert über dem Vermögen der Menschen.

Über kaum ein anderes Thema aus dem breiten Spektrum der Geldanlage kursieren so viele Märchen und Geschichten. Aus diesem Grund erfährt die *Inflation* in jedem der elf Geldanlagekapitel eine Extrawürdigung. Dafür ist es aber notwendig, zu verstehen, was sich hinter diesem Begriff verbirgt.

Die Inflation

Was versteht man unter Inflation? In einfachen Worten bedeutet *Inflation*, dass die Preise für Waren und Dienstleistungen im Laufe der Zeit steigen. Das bedeutet de facto, dass unser Geld weniger wert wird und wir mehr bezahlen müssen, um die gleichen Dinge zu kaufen. Zum Beispiel, wenn früher ein Brot 1,50 Euro gekostet hat, könnte es heute 2,00 Euro kosten. *Inflation* kann verschiedene Gründe haben, wie beispielsweise steigende Kosten für Rohstoffe oder eine erhöhte Nachfrage nach Produkten. Da wir weniger mit unserem Geld kaufen können, kann sie sich auf unseren Lebensstandard auswirken. Doch bei einer *Inflation* gibt es – abhängig von verschiedenen Faktoren – bei weitem nicht nur Verlierer.

Mögliche Gewinner: <u>Schuldner</u>: Wenn eine Person Schulden hat, profitiert sie von einer *Inflation*, da der Wert der Schulden auf diese Weise abnimmt. Denn – Sie kann ihre Schulden mit Geld zurückzahlen, das weniger wert ist als zum Zeitpunkt der Kreditaufnahme. Beispiel: Ein Händler zahlt für einen aufgenommenen Kredit jeden Monat eine Rate von € 1.000,- an Zinsen und Tilgung. Dabei steigt im Laufe der Zeit der Tilgungsanteil dadurch, dass er Zinsen nur auf die jeweilige Restschuld zahlt, die ja von Monat zu Monat geringer wird. Sagen wir, dass er bei einer *Inflation* von zehn Prozent bereits erworbene Waren ebenfalls zehn Prozent teurer verkauft. So hat er – wenn auch weniger wert – mehr Geld zur Verfügung und kann schneller tilgen, denn die Restschuld unterliegt nicht der *Inflation*. <u>Immobilieneigentümer</u>: Wenn das Geld weniger wert wird, steigen i. d. R. die Preise für Sachwerte. Also steigt der Wert von

Immobilien normalerweise während einer *Inflation*. Immobilieneigentümer können ihre Immobilien zu höheren Preisen verkaufen oder höhere Mieten verlangen. Aktionäre: Unternehmen (z. B. Rohstoffproduzenten o. Ä.) können während einer *Inflation* höhere Preise für ihre Produkte oder Dienstleistungen verlangen, was zu höheren Gewinnen führen kann. Aktionäre profitieren von steigenden Aktienkursen und Dividendenausschüttungen.

Mögliche Verlierer: Sparer: Durch steigende Preise verliert das gesparte Geld an Kaufkraft. Das bedeutet, dass das Geld, das auf einem Sparbuch oder einem Bankkonto liegt, in der Zukunft weniger wert sein wird. Rentner: Rentner, die auf feste Renten oder Ersparnisse angewiesen sind, können während einer *Inflation* Schwierigkeiten haben, mit steigenden Lebenshaltungskosten Schritt zu halten. Denn feste Renten zahlen Monat für Monat das Gleiche aus. Ganz egal, wie hoch die *Inflation* gerade ist. Inhaber von festverzinslichen Anleihen: Der Wert von festverzinslichen Anleihen kann während einer *Inflation* sinken, da die Rendite im Vergleich zu den steigenden Preisen weniger attraktiv wird. Beispiel: Ein Geldanleger hat in eine Anleihe investiert, die eine jährliche Verzinsung von drei Prozent bietet. Bis zu ihrer Fälligkeit (Rückzahlung an den Anleger zum Kurs voneinhundert Prozent) schwankt der Kurs der Anleihe nach den Gesetzen von Angebot und Nachfrage. Zwischenzeitlich kommt eine neue Anleihe in den Verkauf, die aufgrund eines nun höheren Zinsniveaus eine jährliche Verzinsung von 5 % bietet. Jetzt wird die alte Anleihe uninteressant und gegebenenfalls von anderen Anlegern verkauft, was einen Kursrückgang nach sich zieht. Dieser geht zu Lasten des Anlegers, der sein Geld in der alten Anleihe belässt. Je nachdem, zu welchem Kurs dieser damals die alte Anleihe gekauft hat, kann er auch bei einer 100%igen Rückzahlung bei Fälligkeit Verlust machen. Denn die 100 % Rückzahlung beziehen sich stets auf den Nominalwert der Anleihe. Und dieser kann durchaus unter dem Kaufpreiskurs liegen. Ufff – alles klar?

Wichtig: Anzumerken, dass die Auswirkungen einer *Inflation* auf Geldanleger von verschiedenen Faktoren wie der Höhe der *Inflation*, der Art der Anlagen und der individuellen finanziellen Situation abhängen können.

Die Hyperinflation

Was versteht man unter Hyperinflation? *Hyperinflation* ist eine extreme Form der Inflation, bei der die Preise für Güter und Dienstleistungen in einem Land sehr schnell stark steigen und außer Kontrolle geraten. In einer *Hyperinflation* verliert die Landeswährung rapide an Wert, was zu einem drastischen Anstieg der Preise führt. Dies geschieht normalerweise, wenn die Regierung große Mengen an Geld druckt, um ihre Schulden zu begleichen oder ihre Ausgaben zu finanzieren, ohne dass eine entsprechende Produktions- oder Wirtschaftsleistung dahintersteht. Eine *Hyperinflation* kann schwerwiegende Auswirkungen auf die Wirtschaft und das tägliche Leben der Menschen haben. Die Preise steigen so schnell, dass das Geld praktisch wertlos wird. Die Menschen verlieren das Vertrauen in die Landeswährung und versuchen, ihr Vermögen in stabilere Währungen oder Sachwerte umzuwandeln. Geschäfte und Unternehmen haben Schwierigkeiten, Preise festzulegen und ihre Geschäfte aufrechtzuerhalten. Die Lebenshaltungskosten steigen enorm, was zu sozialen Unruhen und wirtschaftlicher Instabilität führen kann. Beispiel für historische *Hyperinflation* ist die in Deutschland aus den späten 1920er-Jahren, als die Preise so schnell stiegen, dass Menschen ihr Geld in Schubkarren fahren mussten, um Waren zu kaufen.

Wichtig: *Inflation* raubt Rendite. In den 1980er-Jahren gab es zum Teil für einjährige Geldanlagen bei den Banken sechs bis acht Prozent Verzinsung. Darüber haben sich viele Privatanleger gefreut –hierbei jedoch vergessen, dass die jährliche Geldentwertung in etwa den gleichen Zinssatz aufwies. Auch interessant – in der *Inflation* sterben die Gläubiger und profitieren die Schuldner. Warum? Angedeutet findet ihr die Begründung oben (Inflation – Gewinner – Schuldner). Dazu noch offene Fragen müsst ihr in diesem Moment einfach mal zurückstellen. Ein anderes Mal mehr. Nur wenn man das berücksichtigt, liegt die Schlussfolgerung nahe, dass ein verschuldeter Staat ein ureigenes Interesse daran haben könnte, dass die Inflationsrate nicht so niedrig ausfällt.

Nachdem das geklärt ist, betrachten wir im Folgenden elf Möglichkeiten der Geldanlage unter besonderer Berücksichtigung der damit verbundenen Irrtümer.

Das Kopfkissensparen

Was versteht man unter der Geldanlage unter dem Kopfkissen? Die Aufbewahrung des Geldes zu Hause, oft in einer Matratze oder einem Kissen. Manche Menschen machen das, weil sie sich wohler dabei fühlen, ihr Geld nah bei sich zu haben. Es ist jedoch nicht die sicherste oder effektivste Art, Geld aufzubewahren, da es gestohlen werden oder an Wert verlieren kann, wenn die Inflationsrate steigt. Es ist oft besser, das Geld auf einem Bankkonto zu haben oder es in andere Anlageformen zu investieren, um es zu schützen und zu vermehren.

Die Geschichte des Geldanlegens unter dem Kopfkissen: Früher haben die Menschen ihr Geld oft unter ihrem *Kopfkissen* aufbewahrt, weil es entweder keine Banken gab oder sie kein Vertrauen in diese hatten. Sie dachten, dass ihr Geld dort sicherer sei. Aber im Laufe der Zeit haben die Menschen gelernt, dass es nicht die beste Idee ist, sein Geld unter dem *Kopfkissen* zu behalten. Das liegt daran, dass das Geld sich so nicht vermehrt und maximal seinen Wert behält, wenn man es einfach nur dort liegen lässt. Außerdem kann es gestohlen oder beschädigt werden. Heutzutage gibt es bessere Möglichkeiten, sein Geld anzulegen oder zu investieren, um sicherzustellen, dass es im Laufe der Zeit mehr wird. Man kann es zum Beispiel in einer Bank einzahlen oder in eine private Rentenversicherung investieren. Das hilft dabei, dass das Geld sicherer ist und sogar an Wert gewinnt, wenn die Zeit vergeht.

Argumente für die Geldanlage unter dem Kopfkissen:
Die Geldanlage unter dem *Kopfkissen* hat einige Vorteile, obwohl sie im Vergleich zu anderen Anlageformen begrenzt sind. Sofortige Verfügbarkeit: Das Geld unter dem *Kopfkissen* ist jederzeit verfügbar, ohne dass man auf Banköffnungszeiten oder andere Einschränkungen achten muss. Es kann schnell für Notfälle oder unvorhergesehene Ausgaben verwendet werden. Keine Kosten: Im Gegensatz zu Bankkonten oder Anlageprodukten fallen bei der Geldanlage unter dem *Kopfkissen* keine Gebühren oder Kosten an. Es gibt weder Kontoführungsgebühren noch Transaktionskosten zu beachten. Kein Schwankungsrisiko: Wenn das Geld unter dem *Kopfkissen* aufbewahrt wird, besteht kein Risiko, dass es an Wert verliert (abgesehen von einer Inflation). Es ist sicher vor Marktschwankungen oder wirtschaftlichen Turbulenzen. Anonymität: Die Geldanlage unter dem *Kopfkissen* bietet Anonymität, da keine Bankkonten oder Transaktionen erforderlich sind. Dies kann für Menschen von Vorteil sein, die ihre finanziellen Aktivitäten privat halten möchten. Dennoch solltet ihr berücksichtigen, dass die Vorteile der Geldanlage unter dem *Kopfkissen* begrenzt sind und mit einigen Nachteilen verbunden sein können. Und die kommen jetzt.

Argumente gegen die Geldanlage unter dem Kopfkissen:
Risiko: Das Geld unter dem *Kopfkissen* zu lagern, ist unsicher. Es besteht die Gefahr, dass es gestohlen wird, sei es durch Einbruch oder durch Personen im eigenen Haushalt. Es gibt sicherere Möglichkeiten, Geld zu lagern, wie zum Beispiel ein Bankkonto oder einen Safe. Kein Schutz vor Inflation: Wenn man sein Geld einfach nur unter dem *Kopfkissen* aufbewahrt, verliert es im Laufe der Zeit an Wert aufgrund der Inflation. Das bedeutet, dass die Kaufkraft des Geldes abnimmt. Es ist daher ratsam, das Geld in Anlagen zu investieren, die eine Rendite erzielen und dem Wertverlust durch Inflation entgegenwir-

ken können. <u>Keine Möglichkeit des Wachstums</u>: Es besteht weder die Chance der Investition noch des Wachstums. Das Geld bleibt einfach nur liegen und bringt keine Rendite ein. Durch Investitionen in verschiedene Anlageformen wie Aktien, Anleihen oder Investmentfonds kann man sein Geld wachsen lassen und langfristig Gewinne erzielen.

Schützt Bargeld vor der Inflation? Nein, das Geld unter dem *Kopfkissen* schützt nicht vor Inflation. Inflation bedeutet, dass die Preise für Waren und Dienstleistungen im Laufe der Zeit steigen. Wenn das Geld unter dem *Kopfkissen* einfach nur dort liegt, verliert es im Laufe der Zeit an Kaufkraft, da es nicht an Wert gewinnt. Es ist daher ratsam, den größten Teil seines Geldes in Anlagen zu investieren, die eine Rendite erzielen und vor Inflation schützen können.

Irrtum und zugleich bedeutendster Irrtum bezogen auf die Geldanlage unter dem Kopfkissen: <u>Das Geld ist sicher</u>. Viele Menschen denken, dass sie ihr Geld zu Hause aufbewahren sollten, damit ihr Vermögen stets in der Nähe ist. Aber das ist nicht immer der Fall. Wenn das Geld zu Hause aufbewahrt wird, kann es gestohlen oder beschädigt werden. Zudem kann der Wert des Geldes im Laufe der Zeit durch Inflation sinken.

Wichtig: Manche Leute legen symbolisch ihr gespartes Geld unter das *Kopfkissen*, weil sie sich sicher fühlen möchten. Sie denken, dass ihr Geld dort sicher ist und sie leicht darauf zugreifen können, wenn sie es brauchen. Es ist jedoch wichtig, zu wissen, dass das Geld unter dem *Kopfkissen* nicht wirklich sicher ist und es besser ist, es auf einem Bankkonto anzulegen, um es vor Diebstahl oder Verlust zu schützen.

Das Festgeld

Was versteht man unter einem Festgeld? *Festgeld* ist eine Form der Geldanlage, bei der eine bestimmte Geldsumme für einen festgelegten Zeitraum zu einem festen Zinssatz angelegt wird. Das Geld wird für diese Zeit bei einer Bank oder einem Finanzinstitut hinterlegt und kann während der Laufzeit nicht vorzeitig abgehoben werden. *Festgeld* bietet eine sichere Anlageform, da der Zinssatz und die Rückzahlung des Kapitals im Voraus festgelegt sind. Es ist eine gute Option für Anleger, die ihr Geld für einen bestimmten Zeitraum sicher und mit vorhersehbaren Erträgen anlegen möchten. Die Laufzeit des *Festgeldes* kann von wenigen Monaten bis zu mehreren Jahren variieren.

Die Geschichte des Festgelds: Früher gab es keine Zinsen auf das Geld, das man bei der Bank deponierte. Doch im Laufe der Zeit entwickelten sich die Banken weiter und begannen, Zinsen auf das Geld zu zahlen, das die Menschen bei ihnen zur sicheren Aufbewahrung hinterlegten. Das *Festgeld*, wie wir es heute kennen, entstand in den 1960er-Jahren. Zu dieser Zeit waren die Zinsen sehr hoch und die Menschen wollten von den guten Konditionen profitieren. Sie legten ihr Geld für einen bestimmten Zeitraum bei der Bank an, zum Beispiel für ein Jahr oder fünf Jahre. Während dieser Zeit konnten sie nicht auf das Geld zugreifen, aber sie erhielten dafür einen festen Zinssatz. Das *Festgeld* wurde immer beliebter, da es den Menschen eine sichere Möglichkeit bot, ihr Geld anzulegen und dabei eine feste Rendite zu erzielen. Die Banken nutzten das *Festgeld* auch, um ihre Liquidität zu verbessern und Kredite zu vergeben. Im Laufe der Zeit haben sich die Konditionen für *Festgeld* verändert. Die Zinsen sind gesunken und die Laufzeiten können variieren. Heutzutage bieten viele Banken Festgeldkonten an, auf denen man sein Geld für einen bestimmten Zeitraum anlegen kann. Es ist eine beliebte Anlageform für Menschen, die ihr Geld sicher und mit vorhersehbaren Erträgen anlegen möchten.

Argumente für das Festgeld: <u>Sicherheit</u>: *Festgeld* gilt als eine sichere Anlageform, da das eingezahlte Geld in der Regel durch Einlagensicherungssysteme geschützt ist. Dies bedeutet, dass im Falle einer Insolvenz der Bank das investierte Kapital bis zu einer bestimmten Höhe abgesichert ist. <u>Feste Zinssätze</u>: Bei *Festgeld* wird der Zinssatz zu Beginn der Anlage festgelegt und bleibt während der gesamten Laufzeit konstant. Dies ermöglicht eine genaue Planung und Kalkulation der Rendite. <u>Einfache Handhabung</u>: Die Eröffnung eines Festgeldkontos ist in der Regel unkompliziert, da es eine einfache und transparente Anlageform ist. <u>Flexibilität</u>: Bei Bedarf kann die Laufzeit des Festgeldkontos gewählt werden, üblicherweise zwischen einem Monat und mehreren Jahren. Dies ermöglicht eine individuelle Anpassung an die eigenen finanziellen Ziele und Bedürfnisse. <u>Rendite</u>: *Festgeld* bietet im Vergleich zu anderen sicheren Anlageformen wie Sparbuch oder Tagesgeld oft höhere Zinssätze. Dadurch kann eine attraktive Rendite erzielt werden.

Argumente gegen das Festgeld: <u>Keine Flexibilität</u>: Das Geld ist für den vereinbarten Zeitraum nicht verfügbar. Wenn man vorzeitig auf das Geld zugreifen möchte, können hohe Strafgebühren anfallen. <u>Rendite</u>: Außerdem ist die Rendite bei *Festgeld* oft niedriger im Vergleich zu anderen Anlageformen wie Aktien oder Fonds. Diese sind aber deutlich risikoreicher.

Schützt das Festgeld vor Inflation? *Festgeld* schützt nicht vor Inflation. Bei einem Festgeldkonto wird das Geld zu einem festen Zinssatz angelegt, der in der Regel niedriger ist als die Inflationsrate. Das bedeutet, dass der Wert des Geldes im Laufe der Zeit aufgrund der Inflation schrumpfen kann. Daher kann *Festgeld* als Anlageform nicht als Inflationsschutz betrachtet werden.

Irrtümer bezogen auf das Festgeld: <u>Hohe Rendite</u>: Tatsächlich sind die Zinssätze für *Festgeld* in der Regel niedriger als bei risikoreicheren Anlageformen wie Aktien oder Immobilien.

<u>Flexibilität</u>: Tatsächlich ist *Festgeld* für einen festgelegten Zeitraum angelegt und kann während dieser Zeit nicht vorzeitig abgehoben werden. Wenn man vorzeitig auf das Geld zugreifen möchte, können Gebühren oder Strafen anfallen. <u>Passend für jeden</u>: Tatsächlich ist *Festgeld* eher für Anleger geeignet, die eine sichere und langfristige Anlage suchen. Wenn ihr kurzfristig auf das Geld zugreifen oder eine höhere Rendite erzielen möchtet, sind andere Anlageformen möglicherweise besser geeignet.

Bedeutendster Irrtum: <u>Das *Festgeld* ist immer sicher</u>. Obwohl Festgeld als relativ sichere Anlage gilt, besteht immer ein gewisses Risiko, insbesondere wenn die Bank, bei der das *Festgeld* angelegt ist, insolvent wird. In solchen Fällen sind die Einlagen nur bis zu einer bestimmten Höhe durch die staatliche Einlagensicherung geschützt.

Das Sparbuch

Was ist ein Sparbuch? Ein *Sparbuch* ist ein Konto bei einer Bank, auf das Geld eingezahlt und dort verwaltet wird. Es ist eine Form des Sparens, bei dem der Kontoinhaber Zinsen auf sein Guthaben erhält. Das *Sparbuch* dient als Nachweis für die getätigten Ein- und Auszahlungen. Der Kontoinhaber kann jederzeit Geld auf sein *Sparbuch* einzahlen oder davon abheben, jedoch gibt es meistens eine Kündigungsfrist, die eingehalten werden muss, um das Geld abheben zu können (zumindest bei größeren Beträgen). Das *Sparbuch* war früher eine beliebte Möglichkeit, Geld zu sparen, ist aber heutzutage aufgrund von niedrigen Zinsen und digitalen Alternativen weniger verbreitet. Was aus meiner Sicht ein Fehler ist, kann es doch zur Ansammlung der für jeden so immens wichtigen Liquidität dienen. Und, wir erinnern uns an die Dresdner Bank Werbung: „Warum heißt das *Sparbuch Sparbuch*?" „Weil man es sich sparen kann." Nun – *Sparbücher* gibt es noch, die Dresdner Bank nicht mehr!

Die Geschichte des Sparbuchs: Das *Sparbuch* ist eine einfache Möglichkeit, Geld zu sparen und es sicher aufzubewahren. Die ersten Bücher gab es im 19. Jahrhundert. Damals hatten die Menschen oft kein sicheres und zuverlässiges System, um ihr Geld zu sparen. Häufig lag es unter dem Kopfkissen. Die Banken kamen dann auf die Idee, *Sparbücher* einzuführen, um den Menschen zu helfen, ihr Geld sicher zu verwahren und gleichzeitig mit Zinsen darauf zu verdienen. Ein *Sparbuch* funktioniert so: Wenn ihr Geld zur Bank bringt, eröffnet die Bank ein *Sparbuch* für euch. Ihr könnt dann das Geld auf euer *Sparbuch* einzahlen. Die Bank vermerkt die Einzahlung in eurem *Sparbuch* und gibt euch einen Beleg dafür. Ihr könnt jederzeit Geld von eurem *Sparbuch* abheben (bis zu einer bestimmten monatlichen Höchstgrenze), indem ihr zur Bank geht und den Betrag angebt, den ihr abheben möchtet. Die Bank zieht den Betrag dann von eurem *Sparbuch* ab und gibt euch das Geld. Heutzutage gibt es auch andere Möglichkeiten, Geld zu sparen, wie zum Beispiel Girokonten oder Online-Sparkonten. Aber das *Sparbuch* ist immer noch eine beliebte Wahl für Menschen, die ihr Geld sicher und einfach verwalten möchten.

Argumente für das Sparbuch: <u>Sicherheit</u>: Es ist sicher, weil das Geld bei der Bank aufbewahrt wird und nicht zu Hause verloren gehen kann. <u>Regelmäßiges Sparen</u>: Ihr könnt regelmäßig Geld einzahlen und so langsam, aber stetig ein Vermögen aufbauen. <u>Verzinsung</u>: Das Geld auf dem *Sparbuch* wird verzinst, was bedeutet, dass ihr zusätzliches Geld bekommt, je länger ihr es dort lässt. <u>Flexibilität</u>: Das *Sparbuch* ist auch praktisch, weil ihr jederzeit Geld abheben könnt (zumindest jeden Monat bis zu einer bestimmten Größenordnung), wenn ihr es braucht.

Argumente gegen das Sparbuch: <u>Schwieriger Zugriff auf das Geld</u>: Wenn ihr plötzlich größere Beträge benötigt, ist es nicht so einfach, darauf zuzugreifen. Ihr müsst oft eine bestimmte Frist einhalten oder eine Gebühr zahlen. <u>Niedrige Rendite</u>: Manchmal sind die Zinsen, die mit dem *Sparbuch* verdient werden können, sehr niedrig. Das bedeutet, dass dann nicht viel Geld damit verdient werden kann. Es ist also wichtig, gut zu überlegen, ob du ein *Sparbuch* haben und wie viel Geld du darauf sparen möchtest.

Schützt das Sparbuch vor Inflation? Ein *Sparbuch* schützt nicht direkt vor Inflation. Die Zinssätze, die auf *Sparbücher* gezahlt werden, sind in der Regel niedrig und können oft nicht mit der Inflationsrate mithalten. Wenn die Inflation höher ist als die Zinsen auf dem *Sparbuch*, verliert das Geld in realem Wert an Kaufkraft.

Dennoch bleibt das *Sparbuch* eine sichere Möglichkeit, Geld zu sparen und es für kurzfristige Bedürfnisse oder Notfälle zur Verfügung zu haben. Wenn jedoch der Schutz vor Inflation ein Hauptanliegen ist, sollten andere Anlageformen in Betracht gezogen werden.

Irrtümer bezogen auf das Sparbuch: <u>Hohe Rendite</u>: Ein populärer Irrtum. Die Zinsen auf *Sparbüchern* sind, im Vergleich zu den meisten anderen Produkten, in der Regel sehr niedrig. <u>Jederzeitige Verfügbarkeit</u>: Denn dieses trifft lediglich auf Abhebungen bis zu einem bestimmten Betrag pro Monat zu.

Bedeutendster Irrtum: <u>Das *Sparbuch* kann man sich sparen</u>. Dieser Irrtum wurde von Seiten der Dresdner Bank in deren Werbung so kommuniziert: „Das *Sparbuch* heißt *Sparbuch*, weil man es sich sparen kann." Mitnichten. Es bietet möglicherweise nicht die besten Renditen im Vergleich zu anderen Anlageformen, kann aber auf solide Art und Weise zur Lagerung von Liquidität dienen. Und da der Umgang mit einem *Sparbuch* leicht zu verstehen ist, stellt es eine wunderbare Möglichkeit dar, unseren Nachwuchs ganz langsam an das Thema Geldgeschäfte heranzuführen.

Der Bausparvertrag

Was versteht man unter einem Bausparvertrag? Der *Bausparvertrag* ist eine Form der langfristigen Geldanlage. Gleichzeitig dient er aber auch als Finanzierungsmöglichkeit für den Bau, Kauf oder die Renovierung einer Immobilie. Dabei schließt ihr als Anleger einen Vertrag mit einer Bausparkasse ab, in den ihr regelmäßig Geld einzahlt. Dieses angesparte Guthaben wird verzinst. Nach einer bestimmten Laufzeit, dem sogenannten Ansparzeitraum, kann der Bausparer einen Bausparvertrag zuteilungsreif stellen. Das bedeutet, dass ihr einen Kredit von der Bausparkasse in zuvor festgelegter Höhe mit zuvor festgelegten Konditionen erhalten könnt. Dieser Kredit dient der Finanzierung des Wohnungsbaus oder einer anderen Immobilienmaßnahme. Während der Ansparzeit zahlt ihr als Bausparer eine monatliche Rate in den Vertrag ein. Zusätzlich erhaltet ihr staatliche Förderungen wie beispielsweise die Wohnungsbauprämie oder die Arbeitnehmer-Sparzulage, sofern ihr die entsprechenden Voraussetzungen erfüllt. Ein *Bausparvertrag* bietet somit eine langfristige Spar- und Finanzierungsmöglichkeit für den Erwerb oder die Modernisierung einer Immobilie und ermöglicht es, von staatlichen Förderungen zu profitieren. Es ist eine gute Möglichkeit, langfristig auf den Erwerb einer Immobilie hinzusparen.

Die Geschichte des Bausparvertrags: Sie begann zu der Zeit, als Menschen anfingen, Häuser zu bauen. Damals gab es noch keine Banken, die Kredite für den Hausbau anboten. Also mussten die Menschen ihr Geld selbst sparen, um sich ein Haus leisten zu können. Irgendwann kam jemand auf die Idee, dass es einfacher wäre, wenn man sein Geld nicht nur zu Hause unter dem Kopfkissen aufbewahrt, sondern es einer Art „Sparverein" gibt. In diesen „Sparverein" zahlen alle Mitglieder regelmäßig einen kleinen Betrag ein. Jedes Mitglied hat dann die Chance, das angesparte Geld zu einem späteren Zeitpunkt als Kredit zu erhalten, um ein Haus zu bauen oder zu kaufen. Diese Idee wurde im Laufe der Zeit immer populärer und letztendlich zu dem, was wir heute als *Bausparvertrag* kennen. Diesen schließt ihr mit einer Bausparkasse ab. Ihr zahlt regelmäßig Geld ein und erhaltet dafür Zinsen. Wenn genug Geld angespart worden ist, könnt ihr den *Bausparvertrag* nutzen, um Wohneigentum zu finanzieren. Er ist also eine Möglichkeit, Geld für den Hausbau zu sparen und gleichzeitig von i. d. R. niedrigen Zinsen während der Darlehensphase zu profitieren.

Argumente für den Bausparvertrag: <u>Sicherheit</u>: Der *Bausparvertrag* ist eine sichere Geldanlage, da das eingezahlte Guthaben und die Zinsen garantiert sind. Es besteht kein Risiko, dass das Geld verloren geht. <u>Niedrige Zinsen</u>: *Bausparverträge* bieten in der Regel niedrige Zinsen für das Darlehen. Dadurch könnt ihr von günstigen Konditionen bei der Finanzierung profitieren. <u>Planbarkeit</u>: Durch die regelmäßigen Einzahlungen könnt ihr das Sparen für den Hausbau oder -kauf gut planen. Ihr wisst genau, wie viel Geld ihr monatlich einzahlt, und könnt euch auf die Auszahlung des Darlehens zu einem bestimmten Zeitpunkt einstellen. <u>Staatliche Förderung</u>: Beim Bausparen gibt es verschiedene staatliche Förderungen, wie beispielsweise die Wohnungsbauprämie (nur bei zu versteuerndem Einkommen < € 35.000/< € 70.000 bei einzelner Person/zusammenveranlagte Ehegatten) und die Arbeitnehmer-Sparzulage (staatliche Förderung für Arbeitnehmer, Beamte, Richter und Soldaten). Dadurch könnt ihr zusätzliches Geld erhalten und eure Ersparnisse erhöhen. <u>Nutzung als Darlehen</u>: Nach der Ansparphase kann das angesparte Guthaben als Darlehen genutzt werden, um beispielsweise ein Haus zu finanzieren. Dadurch habt ihr eine gesicherte Finanzierungsmöglichkeit für den Immobilienerwerb. Diese Vorzüge machen den *Bausparvertrag* zu einer attraktiven Option für Menschen, die langfristig für den Kauf oder Bau eines Hauses sparen möchten.

Argumente gegen den Bausparvertrag: <u>Geringe Flexibilität</u>: Ein *Bausparvertrag* ist eine langfristige Verpflichtung, bei der das Geld für einen bestimmten Zweck (Immobilienfinanzierung) verwendet werden muss. Es besteht wenig Spielraum für andere Verwendungszwecke. <u>Niedrige Rendite</u>: Die Zinsen, die auf das angesparte Guthaben gezahlt werden, sind oft niedriger als bei anderen Anlageformen wie Aktien oder Fonds. Dies kann zu einer geringeren Rendite führen. <u>Lange Laufzeit</u>: Ein *Bausparvertrag* hat in der Regel eine lange Laufzeit von 7 bis 10 Jahren oder sogar länger. Während dieser Zeit ist das Geld gebunden und kann nicht anderweitig verwendet werden. <u>Begrenzte Verfügbarkeit von Darlehen</u>: Nicht jeder *Bausparvertrag* ermöglicht es, das angesparte Guthaben als Darlehen zu nutzen. Es kann sein, dass ihr aufgrund bestimmter Kriterien wie Mindestguthaben oder Wartezeiten keinen Kredit erhalten könnt. <u>Gebühren und Kosten</u>: Bei einem *Bausparvertrag* können verschiedene Gebühren anfallen, wie z. B. Abschluss- oder Kontoführungsgebühren. Diese verringern die Rendite des Vertrags. <u>Geringe Flexibilität bei der Tilgung</u>: Beim Bauspardarlehen gibt es oft feste Tilgungsraten und -Zeiträume. Dies kann zu Einschränkungen führen, wenn ihr die Tilgung flexibel an die eigenen finanziellen Möglichkeiten anpassen möchtet. Es ist wichtig, diese potenziellen Nachteile zu berücksichtigen und sie mit den individuellen Zielen und Bedürfnissen abzuwägen, bevor du dich für einen *Bausparvertrag* entscheidest.

Schützt ein Bausparvertrag vor Inflation? Ein *Bausparvertrag* schützt nicht direkt vor Inflation. Die Zinsen, die ihr für das angesparte Geld erhaltet, sind oft festgelegt und können nicht an die Inflation angepasst werden. Das bedeutet, dass die Rendite des *Bausparvertrags* möglicherweise nicht mit der Inflation mithalten kann. In Zeiten hoher Inflation wird voraussichtlich die Kaufkraft des angesparten Geldes im Laufe der Zeit abnehmen. Es gibt jedoch staatliche Förderungen wie die Wohnungsbauprämie oder die Arbeitnehmer-Sparzulage, die den *Bausparvertrag* attraktiver machen können.

Irrtümer bezogen auf den Bausparvertrag: <u>Optimale Finanzierung für den Immobilienkauf</u>. Tatsächlich ist ein *Bausparvertrag* nicht immer die optimale Finanzierungsmöglichkeit für den Immobilienerwerb. Je nach individueller Situation und aktuellen Marktbedingungen können andere Finanzierungsformen wie beispielsweise ein Bankdarlehen mit günstigen Zinsen und flexibleren Bedingungen eine bessere Option sein. <u>Hohe Renditen:</u> Zudem garantiert ein *Bausparvertrag* keine hohen Renditen. Die Zinsen, die du für das angesparte Geld in einem *Bausparvertrag* erhältst, sind in der Regel niedriger als bei anderen Anlageformen wie beispielsweise Festgeld oder Aktien. Daher ist ein *Bausparvertrag* nicht unbedingt die beste Wahl, wenn du eine hohe Rendite erzielen möchtest. <u>Inflationsschutz:</u> Es ist auch nicht richtig, zu sagen, ein *Bausparvertrag* schütze vor einer Inflation. Ein *Bausparvertrag* bietet keinen direkten Schutz vor Inflation. Die Zinsen, die für das angesparte Geld erzielt werden, können niedriger sein als die Inflationsrate, was bedeutet, dass die Kaufkraft des Geldes im Laufe der Zeit abnehmen kann. Allerdings kann angeführt werden, dass *Bausparverträge* häufig dem Erwerb einer Immobilie dienen. Und diese kann als Sachwert immerhin in bestimmten Marktphasen der Inflation Kontra bieten. <u>Flexibilität:</u> Des Weiteren ist ein *Bausparvertrag* auch nicht immer flexibel. Er hat in der Regel eine Mindestlaufzeit, die eingehalten werden muss, bevor das angesparte Geld als Darlehen verwendet werden kann. Zudem sind die Bedingungen für die Verwendung des Darlehens oft festgelegt und können weniger flexibel sein als bei anderen Finanzierungsmöglichkeiten.

Bedeutendster Irrtum: <u>Niedrige Raten bei der Finanzierung</u>. Bauspardarlehen werden i. d. R. schnell getilgt. Das funktioniert nur mit einer entsprechend hohen Tilgungsrate. Eine solche raubt jedoch Liquidität und den Spielraum für ergänzende Baufinanzierungen.

Das Wohneigentum

Was ist Wohneigentum? *Wohneigentum* bedeutet, dass ihr ein Haus oder eine Wohnung besitzt, in dem/der ihr lebt. Ihr seid die Eigentümer und könnt selbst darüber entscheiden, wie ihr die Immobilie gestaltet und nutzt. Ihr seid jedoch auch für die Kosten wie z. B. Hypothekenzahlungen, Instandhaltung und Reparaturen verantwortlich.

Vielen Menschen gibt ein eigenes Zuhause ein Gefühl von Sicherheit und Stabilität. Es ermöglicht ihnen auch, eine langfristige Investition zu tätigen, da der Wert von Immobilien im Allgemeinen im Laufe der Zeit steigt. Ein *Eigenheim* bietet auch die Freiheit, die Miete zu vermeiden und anstatt dessen ein Darlehen zu zahlen, was langfristig günstiger sein kann. Darüber hinaus bietet ein eigenes Zuhause vielen Menschen die Möglichkeit, eine Gemeinschaft aufzubauen und ein Gefühl der Zugehörigkeit zu entwickeln.

Die Geschichte des Wohneigentums: Schon vor einer halben Ewigkeit haben Menschen angefangen, Häuser für sich und ihre Familien zu bauen und zu besitzen. Früher war es jedoch schwieriger, ein eigenes Haus zu haben, da oft nicht genug Geld zur Verfügung stand, um eins zu kaufen oder zu bauen. Sie mussten hart arbeiten und sparen, um sich ihren Traum vom eigenen Haus erfüllen zu können. Im Laufe der Zeit wurden jedoch verschiedene Möglichkeiten entwickelt, um den Menschen den Kauf eines Hauses zu erleichtern, wie zum Beispiel Kredite von Banken, Bausparkassen oder Versicherungen. Daher ist es heute für viele Menschen möglich, eine eigene Immobilie zu besitzen und sie nach ihren eigenen Vorstellungen zu gestalten. Das selbstgenutzte *Wohneigentum* bietet den Menschen Sicherheit, Privatsphäre und die Möglichkeit, ein Zuhause für ihre Familie zu schaffen. Es ist auch eine langfristige Investition, da der Wert im Laufe der Zeit steigen kann. Allerdings sieht die Situation derzeit (Anfang 2024) etwas anders aus. Aktuell werden aus den meisten Regionen des Landes sinkende Immobilienpreise gemeldet. Das ist aber nach einem jahrelangen Anstieg auch nicht verwunderlich. Zudem waren die Finanzierungskosten über Jahre sehr günstig, was die Nachfrage deutlich befeuert hat. Mittlerweile sind die Zinsen für eine Baufinanzierung wieder gestiegen, was eine Normalisierung der Nachfrage mit sich bringen dürfte. Und da auch für

Immobilien gilt, dass Angebot und Nachfrage den Preis regeln, ist der derzeitige sinkende Immobilienpreis lediglich eine logische Konsequenz. Oder wie siehst du das?

Argumente für das Wohneigentum:
Eigentumswohnung
Eigentum: Ihr besitzt eure eigene Wohnung und habt mehr Kontrolle über euer Zuhause. Individualität: Ihr könnt die Wohnung nach euren Vorstellungen gestalten und anpassen. Investition: Es ist eine langfristige Investition, da der Wert der Wohnung im Laufe der Zeit steigen kann. Geldvorteil: Ihr zahlt keine Miete mehr und habt langfristig gesehen niedrigere Nebenkosten als bei einer Mietwohnung. Gemeinschaft: Ihr könnt eine Gemeinschaft aufbauen und euch mit den Nachbarn austauschen.

Einfamilienhaus
Eigentum und Platz: Ihr besitzt das ganze Haus und habt viel Platz für euch und eure Familie. Individualität: Ihr könnt das Haus nach euren Vorstellungen gestalten und anpassen. Privatsphäre: Es bietet mehr Privatsphäre, da ihr eure Eingangstür nicht mehr mit den Nachbarn teilen müsst. Grundstück: Ihr habt die Möglichkeit, einen Garten oder Hof zu haben. Investition: Ihr investiert langfristig, da der Wert des Hauses im Laufe der Zeit steigen kann.

Argumente gegen das Wohneigentum:
Eigentumswohnung
Verantwortung: Ihr tragt die Verantwortung für Reparaturen und Instandhaltungskosten. Zusätzliche Kosten: Ihr müsst möglicherweise monatliche Gebühren für die Instandhaltung und Verwaltung der Wohnung zahlen. Regeln und Vorschriften: Ihr seid an die Regeln und Vorschriften der Eigentümergemeinschaft (Gemeinschaft sämtlicher Wohnungseigentümer in dem Haus) gebunden. Umzug: Ihr könntet Probleme bei der Weiterverwendung bekommen, wenn ihr irgendwann einmal umziehen möchtet/müsst (verkaufen oder vermieten).

Zusätzliche Versicherungen: Ihr müsst eventuell zusätzliche Versicherungen abschließen, wie beispielsweise eine Gebäudeversicherung.

Einfamilienhaus
Verantwortung: Ihr tragt die Verantwortung für Reparaturen und Instandhaltungskosten. Höhere Gesamtkosten: Ihr müsst möglicherweise zusätzliche Kosten für Grundsteuer und Gebäudeversicherungen zahlen und habt dadurch höhere Gesamtkosten als bei einer Wohnung. Umzug: Ihr könntet Probleme bei der Weiterverwendung bekommen, wenn ihr irgendwann einmal umziehen möchtet/müsst (verkaufen oder vermieten).

Schützt Wohneigentum vor Inflation? Trotzdem *Wohneigentum* einen Sachwert darstellt, gibt es keinen garantierten Schutz vor Inflation – langfristig stellt es aber der Erfahrung nach einen veritablen Gegenpol dar. Wenn die Preise für Dinge steigen, kann auch der Wert von Immobilien steigen. Aber das ist nicht zwingend so. Zudem ist es zwar möglich, dass der Wert des Hauses steigt, jedoch meistens nicht so stark wie die Inflation. Als Gegenbeispiel dient die Immobilienpreisentwicklung der vergangenen Jahre. Die überstieg nämlich die mehrere Jahre fast nicht merkbare Inflation um ein Mehrfaches.

Irrtümer bezogen auf Wohneigentum: Wohneigentum gewinnt immer an Wert: Das ist nicht der Fall, da der Immobilienmarkt schwankend ist. In Wohneigentum fühlt man sich freier: Das kann sein – muss aber nicht. Ihr könnt zwar einiges freier gestalten als in einem Mietverhältnis. Auf das Verhalten der Nachbarn habt ihr allerdings nur bedingten Einfluss.

Bedeutendster Irrtum: *Wohneigentum* führt automatisch zu Wohlstand. Das ist bei Weitem nicht immer der Fall, da ihr auf der einen Seite durchaus einen hohen Kostenblock für Reparaturen und Instandhaltung haben könnt. Und auf der anderen Seite kann die Gefahr bestehen, dass euer Darlehen bei Ablauf der Zinsbindungsfrist durch gestiegene Zinsen teurer wird. Zudem kann eine Immobilie bei Umzügen ein (teurer) Klotz am Bein sein.

[Exkurs] Eigentum oder Miete – was sagen die Banken?
Es gibt kaum eine Bank oder Bausparkasse, die euch nicht vorrechnet, dass ihr als Immobilienbesitzer im Alter sehr viel mehr an Vermögen habt als Menschen, die zur Miete wohnen. Dabei werden aber verschiedene Dinge (wie z. B. immer wieder notwendige Investitionen in den Werterhalt oder auch ein mögliches steigendes Zinsniveau) ganz sicher nicht berücksichtigt. Was auf jeden Fall bleibt, ist das Gefühl, in seinen eigenen vier Wänden frei zu sein. Bei entsprechender Nachbarschaft auch außerhalb. Das ist aber nicht garantiert – und häufig nicht der Fall, wie ein Blick auf die mit Nachbarschaftsstreitigkeiten überlasteten Gerichte zeigt.

„Es ist besser,
ungefähr recht zu haben,
als sich tödlich zu irren."

Warren Buffett

Die Aktie

Was ist eine Aktie? Eine *Aktie* ist ein kleiner Anteil an einem Unternehmen (einer Aktiengesellschaft = AG), den ihr kaufen könnt. Wenn ihr eine *Aktie* besitzt, gehört euch also ein kleiner Teil dieses Unternehmens. Ihr seid mit einer *Aktie* also (Teil-)Eigentümer einer Aktiengesellschaft. Ihr könnt *Aktien* kaufen, um möglicherweise Dividenden (Gewinnausschüttungen) zu erhalten. Außerdem könnt ihr den Aktienkurs verfolgen und *Aktien* auch wieder verkaufen, z. B. um Gewinne zu erzielen oder Verluste zu minimieren. Zudem berechtigt eine *Aktie* u. a. zur Teilnahme (i. d. R. mit Stimmrecht) an der Jahreshauptversammlung sowie gegebenenfalls zur Teilhabe am Liquidationserlös bei Auflösung der Gesellschaft.

Die Geschichte der Aktie: Vor langer Zeit begannen Unternehmen damit, sich Geld von Investoren zu leihen, um ihre Geschäfte zu finanzieren. Diese Investoren wurden dann zu Eigentümern des Unternehmens und erhielten *Aktien* ausgehändigt als Beweis für ihren Anteil. Früher wurden *Aktien* auf Papier gedruckt und an der Börse gehandelt. Die Menschen konnten Aktien kaufen und verkaufen, um Geld zu verdienen. Wenn ein Unternehmen gut lief, stieg der Wert der Aktien und die Investoren konnten sie zu einem höheren Preis verkaufen. Dadurch erzielten sie einen Gewinn. Wenn ein Unternehmen jedoch schlecht lief, sank der Wert der *Aktien* und die Investoren verloren Geld – wenn sie zu dem niedrigeren Kurs verkaufen mussten. Häufig traf dieses Schicksal diejenigen, die mal eben durch schnelles Kaufen und Verkaufen zügig Geld machen wollten. Das waren die Spekulanten. Investoren hingegen haben schon immer ins Kalkül gezogen, dass der Aktienwert auch mal fallen kann. Daher investierten sie nie ihr ganzes Vermögen. Auf dieses Weise konnten sie einfach auf bessere Tage an der Börse warten, behielten die *Aktien* und verkauften sie erst dann (wenn überhaupt), sobald die Kurse wieder gestiegen waren. Mit der Entwicklung der Technologie wurden Aktienhandelssysteme elektronisch, was bedeutet, dass die Menschen *Aktien* über das Internet kaufen und verkaufen können. Dies hat den Handel mit *Aktien* einfacher und schneller gemacht. Heutzutage gibt es viele verschiedene Arten von *Aktien*, wie zum Beispiel Stamm- und Vorzugsaktien. Stammaktien geben den Investoren das Recht, über das Unternehmen abzustimmen und Gewinne zu erhalten, während Vorzugsaktien den Investoren bevorzugte Behandlung geben, wie zum Beispiel eine festgelegte Dividende. Die Geschichte der *Aktie* ist geprägt von Höhen und Tiefen. Es gab Zeiten, in denen der Aktienmarkt boomte und die Menschen viel Geld verdienen konnten. Es gab aber auch solche Zeiten, in denen der Markt zusammenbrach und die Menschen eventuell viel Geld verloren. Trotzdem bleibt die *Aktie* eine wichtige Möglichkeit für Unternehmen, Geld zu beschaffen und für Investoren, Gewinne zu erzielen.

Argumente für die Aktie: Potenzial für hohe Renditen: *Aktien* können im Laufe der Zeit an Wert gewinnen und Investoren können davon profitieren. Besitz von Unternehmensanteilen: Durch den Kauf von *Aktien* werden Investoren Teilhaber eines Unternehmens und können von dessen Erfolg profitieren. Liquidität: *Aktien* können leicht gekauft und verkauft werden, was es Investoren ermöglicht, ihr Geld schnell zu bewegen.

Argumente gegen die Aktie: Risiko von Verlusten: Der Wert von *Aktien* kann schwanken und es besteht die Möglichkeit, Geld zu verlieren, wenn der Aktienkurs sinkt. Unsicherheit: Die Entwicklung von Aktienkursen ist schwer vorherzusagen und kann von verschiedenen Faktoren wie der Wirtschaftslage und Unternehmensnachrichten beeinflusst werden. Mangel an Kontrolle: Als Aktionär hat man nur begrenzte Kontrolle über die Entscheidungen und das Management des Unternehmens, an dem man beteiligt ist.

Bieten Aktien Schutz vor Inflation? *Aktien* bieten keinen direkten Schutz vor Inflation. Wenn die Inflation steigt, können die Preise für Güter und Dienstleistungen steigen, was sich auf die Unternehmen und deren Gewinne auswirken kann. Dies kann dazu führen, dass der Wert von *Aktien* sinkt (insbesondere dann, wenn die Aktiengesellschaft für ihre Produktion im Einkaufspreis stark gestiegene Produkte benötigt) oder auch steigt (wenn das selbst verkaufte Produkt stärker im Preis klettert als die für die Herstellung benötigten Produkte). Kurzfristig kann somit keine definitive Aussage getroffen werden. Allerdings haben *Aktien* langfristig oft eine Rendite, die höher ist als die Inflation, was bedeutet, dass sie im Laufe der Zeit helfen können, den Wertverlust der Währung auszugleichen.

Irrtümer bezogen auf die Aktie: Aktien sind immer eine sichere Investition: Dies ist ein häufiger Irrtum. *Aktien* können sowohl Gewinne als auch Verluste bringen. Der Wert von *Aktien* kann stark schwanken und hängt von verschiedenen Faktoren wie der Wirtschaftslage, dem Unternehmen selbst und dem Markt ab. Man muss ein Experte sein, um in Aktien zu investieren: Jeder kann in *Aktien* investieren, auch ohne umfassende Kenntnisse. Es ist jedoch ratsam, sich über das Unternehmen und den Markt zu informieren, bevor man investiert, um fundierte Entscheidungen treffen zu können. Man muss viel Geld haben, um in Aktien zu investieren: Es gibt keine Mindestinvestitionssumme für den Aktienmarkt. Man kann bereits kleine Beträge investieren und nach Bedarf weitere Investitionen tätigen. Aktieninvestitionen sind nur für reiche Menschen: Das ist nicht korrekt. Aktieninvestitionen stehen allen offen, unabhängig von ihrem Einkommen oder Vermögen. Man kann immer Gewinne machen, wenn man Aktien kauft und verkauft: Der Aktienmarkt ist volatil (schwankend) und es gibt keine Garantie für Gewinne. Es ist wichtig, langfristig zu denken und nicht auf kurzfristige Schwankungen zu reagieren. Man muss den Markt ständig beobachten, um erfolgreich in Aktien zu investieren: Auch das ist ein Irrtum. Es ist nicht notwendig, den Markt ständig zu überwachen, um erfolgreich in *Aktien* zu investieren. Langfristiges Investieren und eine diversifizierte Portfoliostrategie können oft erfolgreicher sein. Aktieninvestitionen sind nur Glücksspiel: Aktieninvestitionen basieren zumeist auf fundierten Analysen und Informationen über Unternehmen und Märkte. Es gibt Risiken, aber mit einer strategischen Herangehensweise und einer fundierten Entscheidungsfindung kann man die Chancen auf Erfolg verbessern. Mit Aktien wird man schnell reich: Viele denken, dass sie einfach eine *Aktie* kaufen und dann warten müssen, bis der Kurs stark steigt, um sie mit Gewinn zu verkaufen. Das kann passieren, aber es ist nicht die Regel. Die Realität ist, dass der Aktienmarkt sehr volatil ist und die Kurse ständig schwanken. Es kann auch vorkommen, dass der Kurs einer *Aktie* fällt und man Geld verliert.

Es ist wichtig zu verstehen, dass Aktieninvestitionen langfristig angelegt sein sollten und man Geduld und Ausdauer haben muss. Es gibt keine Garantie für schnellen Reichtum und man sollte sich bewusst sein, dass Aktieninvestitionen auch Verluste mit sich bringen können. Es ist wichtig, sich gut zu informieren, den Markt zu beobachten und möglicherweise professionelle Beratung in Anspruch zu nehmen, um kluge Investitionsentscheidungen zu treffen.

Bedeutendster Irrtum: *Aktien* sind sicherer als Aktienfonds (Investmentfonds). Nein, *Aktien* sind in der Regel risikoreicher als Aktienfonds. Wenn ihr *Aktien* kauft, investiert ihr direkt in ein bestimmtes Unternehmen und tragt das Risiko, dass der Wert der *Aktie* sinken kann, wenn das Unternehmen nicht erfolgreich ist. Bei Aktienfonds hingegen investiert ihr in einen Fonds, der sein Geld in viele verschiedene *Aktien* anlegt. Dadurch wird das Risiko auf diverse Unternehmen verteilt und die Chancen auf Rendite erhöht. Der Fondsmanager kümmert sich um die Auswahl und Verwaltung der *Aktien* im Fonds, was auch das Risiko verringern kann.

[Exkurs] Warum gibt es in Deutschland verhältnismäßig wenig Aktionäre?

Im Vergleich zu ähnlichen Ländern ist die Aktienquote bei deutschen Anlegern unterdurchschnittlich. Folgende Gründe dürften dafür ursächlich sein:

Risiko: Durch die Kursschwankungen gelten *Aktien* als riskantere Anlageform. Dadurch gibt es auch keine Garantie für Gewinne. Für den Erwerb von Aktien bedarf es einer gewissen finanziellen Bildung: Viele Menschen haben wenig Wissen über *Aktien* und deren Funktionsweise. Sie fühlen sich unsicher und haben Angst vor Verlusten. Das führt dazu, dass sie sich nicht mit dem Thema beschäftigen und keine *Aktien* kaufen. Steuerliche Hürden: In Deutschland werden Gewinne aus Aktienverkäufen besteuert. Das kann abschreckend wirken und dazu führen, dass potenzielle Aktionäre sich gegen den Kauf von *Aktien* entscheiden. Geringe Verfügbarkeit von Aktienoptionen: In Deutschland sind viele große Unternehmen in Familienbesitz oder haben starke Kontrollstrukturen. Dadurch sind *Aktien* dieser Unternehmen oft nicht frei verfügbar oder nur in begrenztem Umfang. Diese Faktoren tragen dazu bei, dass es in Deutschland vergleichsweise wenig Aktionäre gibt. Es gibt jedoch Bemühungen, die finanzielle Bildung zu verbessern und das Interesse an *Aktien* zu fördern. Aus meiner Sicht bleibt zu hoffen, dass ein Anstieg an Menschen, die die Geldanlageform „Aktie" begreifen, dazu führt, dass die Angst der Deutschen vor einer Aktieninvestition sinkt. Denn ich bin fest davon überzeugt, dass Angst der häufigste Grund für deutsche Anleger ist, die Finger von Aktien zu lassen. Und Angst haben die meisten Leute vor etwas, was sie nicht kennen.

Wichtig: Eine *Aktie* ist keine risikoarme Geldanlage. Der Wert einer *Aktie* kann schwanken und hängt von vielen Faktoren ab, wie der wirtschaftlichen Lage, dem Erfolg des Unternehmens und anderen externen Einflüssen. Es besteht immer das Risiko, dass der Wert einer *Aktie* sinkt und man Geld verliert. Es ist wichtig, sich gut zu informieren und das Risiko abzuwägen, bevor man in Aktien investiert. Aber eins ist sicher: Die *Aktie* ist eine wahnsinnig spannende Form, Geld anzulegen. Sie wird nur von den Befürwortern häufig zu enthusiastisch gefeiert, während sie von den Skeptikern mitunter verteufelt wird. Was ihr bei allen mit ihr einhergehenden Risiken nicht abgesprochen werden kann, ist die Tatsache, dass sie zu den langfristig (wirklich laaaaaaangfristiiiig) erfolgreichsten Möglichkeiten der Geldanlage gilt.

Die Anleihe

Was versteht man unter einer Anleihe? Eine *Anleihe* ist eine Form der Schuldenaufnahme für Unternehmen, Staaten oder andere Institutionen. Bei einer *Anleihe* leiht der Emittent, also der Schuldner, Geld von Anlegern und verpflichtet sich, das geliehene Kapital zu einem festgelegten Zinssatz nach Ende einer festgelegten Laufzeit zurückzuzahlen. Das kann für den Emittenten insbesondere dann Sinn ergeben, wenn er für von der Bank geliehenes Geld mehr bezahlen müsste als in Form von Zinszahlungen an die Anleihenkäufer. *Anleihen* werden in der Regel in Form von Wertpapieren ausgegeben. Der Zinssatz, zu dem die *Anleihe* verzinst wird, wird als Kupon bezeichnet. Die Laufzeit einer *Anleihe* kann von wenigen Monaten bis zu mehreren Jahrzehnten reichen. Am Ende der Laufzeit wird das geliehene Kapital, auch Nennwert oder Nominalwert genannt, an die Anleger zurückgezahlt. *Anleihen* gelten als relativ sichere Anlageform, da der Emittent verpflichtet ist, die Zinsen und das Kapital zurückzuzahlen. Allerdings gibt es auch ein Risiko, dass der Emittent zahlungsunfähig wird und die *Anleihe* nicht bedienen kann. Daher ist es wichtig, die Bonität des Emittenten zu prüfen, bevor du in *Anleihen* investierst. Gemäß der Faustformel kannst du von Folgendem ausgehen: Je höher die Verzinsung der *Anleihe*, desto schwächer ist der Emittent. *Anleihen* können an Börsen gehandelt werden und bieten Anlegern regelmäßige Zinseinnahmen und eine Rückzahlung des Kapitals zum Ende der Laufzeit.

Die Geschichte der Anleihe: Schon im alten Rom haben Menschen Geld geliehen und dafür eine Art Schuldschein erhalten. Dieser Schuldschein war ein Versprechen, dass das geliehene Geld zu einem späteren Zeitpunkt zurückgezahlt wird. Im Laufe der Zeit haben sich *Anleihen* weiterentwickelt und sind zu einer wichtigen Form der Kapitalbeschaffung für Unternehmen und Staaten geworden. Im Mittelalter begannen Städte und Königreiche *Anleihen* auszugeben, um ihre Kriege zu finanzieren oder Infrastrukturprojekte zu realisieren.

Die Anleger, die ihr Geld zur Verfügung stellten, erhielten dafür Zinsen. Diese Zinsen waren eine Art Entschädigung für das Risiko, dass das geliehene Geld eventuell nicht zurückgezahlt werden könnte. Im Laufe der Zeit wurden *Anleihen* immer beliebter und auch komplexer. Es wurden verschiedene Arten von *Anleihen* eingeführt, wie zum Beispiel Staatsanleihen, Unternehmensanleihen oder Anleihen mit unterschiedlichen Laufzeiten. Anleger konnten nun wählen, in welche Art sie investieren wollten, je nachdem, welches Risiko sie bereit waren einzugehen und welche Rendite sie erzielen wollten. Heutzutage sind *Anleihen* eine wichtige Anlageklasse für Investoren auf der ganzen Welt. Sie bieten eine relativ sichere Möglichkeit, Geld anzulegen und regelmäßige Zinszahlungen zu erhalten. Staaten und Unternehmen nutzen *Anleihen*, um sich Geld zu leihen, um Projekte zu finanzieren oder Schulden zu refinanzieren. *Anleihen* sind ein wichtiger Bestandteil des globalen Finanzsystems und spielen eine große Rolle in der Wirtschaft. Heutzutage firmieren unter dem rechtlichen Begriff einer Anleihe mitunter Produkte, die nicht ganz leicht zu durchschauen sind. Sie enthalten zum Teil so kreative Strukturen (es wird hier ebenfalls von strukturierten Produkten gesprochen), dass sich auch immer wieder Wertpapierkenner damit schwertun, welche Art von Produkten da eigentlich im Verborgenen alles eine Rolle spielen. Lasst bitte die Finger davon!

Argumente für die Anleihe: <u>Stabilität</u>: *Anleihen* gelten im Vergleich zu anderen Anlageformen als relativ sichere Investition, da der Emittent verpflichtet ist, die Zinsen und das Kapital zurückzuzahlen. <u>Regelmäßige Zinseinnahmen</u>: *Anleihen* bieten in der Regel feste Zinszahlungen während der Laufzeit. Das ermöglicht dir als Anleger regelmäßige Einnahmen. <u>Diversifikation</u>: *Anleihen* können eine gute Möglichkeit sein, dein Anlageportfolio zu diversifizieren und das Risiko zu streuen, da sie oft eine geringere Korrelation zu anderen Anlageklassen wie z. B. Aktien haben. <u>Liquidität</u>: *Anleihen* können an Börsen gehandelt werden, was bedeutet, dass sie relativ leicht in Bar-

geld umgewandelt werden können, wenn ihr sie vorzeitig verkaufen möchtet. Je nachdem, zu welchen Kursen ihr gekauft
habt und verkaufen werdet, läuft ihr mit einem Verlust oder
einem Gewinn aus. Vorhersehbarkeit: Da die Zinszahlungen
und die Rückzahlung des Kapitals im Voraus festgelegt sind,
bieten *Anleihen* dir als Anleger eine gewisse Vorhersehbarkeit
und Planbarkeit.

Argumente gegen die Anleihe: Zinsänderungsrisiko: Wenn
die Zinsen steigen, kann der Wert der *Anleihe* fallen, da neu
ausgegebene *Anleihen* höhere Zinssätze bieten und somit attraktiver sind. Kreditrisiko: Es besteht immer das Risiko, dass
der Emittent zahlungsunfähig wird und die Zinsen oder das
Kapital nicht zurückzahlen kann. Dieses Risiko wird durch
Bonitätsbewertungen eingeschätzt. Inflation: Wenn die Inflation hoch ist, kann dies den Wert der festverzinslichen Zahlungen mindern. Der festgelegte Zinssatz bleibt während der
Laufzeit der *Anleihe* unverändert, während die Kaufkraft des
Geldes durch die Inflation abnimmt. Liquiditätsrisiko: *Anleihen* können weniger liquide sein als andere Anlageformen,
insbesondere wenn sie nicht an einer Börse gehandelt werden. Es kann schwierig sein, einen Käufer zu finden, wenn
du die *Anleihe* vor dem Fälligkeitsdatum verkaufen möchtest.
Währungsrisiko: Wenn eine *Anleihe* in einer anderen Währung als der eigenen gehandelt wird, besteht ein Risiko von
Wechselkursschwankungen, die den Wert der *Anleihe* beeinflussen können.

Schützt eine Anleihe vor Inflation? Eine *Anleihe* schützt
nicht direkt vor Inflation. Wenn die Inflation steigt, kann der
Wert der festgelegten Zinsen, die von der *Anleihe* gezahlt werden, abnehmen. Dies bedeutet, dass die Kaufkraft der Zinszahlungen und des zurückgezahlten Kapitals im Laufe der Zeit
sinken können. Daher kann eine hohe Inflation den Wert einer *Anleihe* verringern. Es gibt jedoch inflationsgeschützte Anleihen, bei denen die Zinszahlungen und der Rückzahlungsbe-
trag an die Inflationsrate gekoppelt sind. Diese *Anleihen* bieten

einen gewissen Schutz vor Inflation, da sie eine Anpassung an die steigenden Preise ermöglichen.

Irrtümer bezogen auf die Anleihe: <u>Feste Verzinsung</u>: Tatsächlich gibt es auch *Anleihen* mit variabler Verzinsung, bei denen der Zinssatz an einen Referenzzinssatz wie den Leitzins gekoppelt ist und sich im Laufe der Zeit ändern kann. Auch *Anleihen* ohne Zinszahlung kommen vor. <u>Börsenhandel</u>: Es gibt auch *Anleihen*, die nicht an Börsen gelistet sind und nur im außerbörslichen Handel gehandelt werden können. <u>Hohe Rendite</u>: Auch ein Irrtum ist, dass *Anleihen* immer eine hohe Rendite bieten. Tatsächlich sind die Renditen von *Anleihen* in der Regel niedriger als bei risikoreicheren Anlageformen wie Aktien.

Bedeutendster Irrtum: <u>Sicherheit</u>. Was definitiv nicht stimmt, ist, dass *Anleihen* immer eine sichere Anlageform darstellen. Während sie im Allgemeinen als relativ solide gelten, gibt es dennoch das Risiko, dass der Emittent zahlungsunfähig wird und die Anleger ihr investiertes Kapital verlieren.

Der Investmentfonds

Was ist ein Investmentfonds? *Investmentfonds* bieten für größere Menschengruppen eine Möglichkeit, ihr Geld zusammenzulegen und es von professionellen Managern, die für eine Fondsgesellschaft arbeiten, verwalten zu lassen. Das macht der Fondsmanager nicht allein. Vielmehr steht ihm ein Team von Spezialisten zur Verfügung. Die Idee dahinter ist, dass viele Menschen gemeinsam in verschiedene Arten von Anlagen investieren, wie zum Beispiel Aktien, Anleihen oder Immobilien. Durch die Zusammenarbeit können sie von den Vorteilen des gemeinsamen Investierens profitieren.

Die Geschichte des Investmentfonds: Die hinter den *Investmentfonds* stehende Idee ist die, dass Menschen vor über 100

Jahren erkannten, dass sie ihr Geld besser investieren konnten, wenn sie es zusammenlegten. Denn es war damals sehr schwierig für einzelne Personen, in verschiedene Anlagen zu investieren, da dies viel Geld und Fachwissen erforderte. Zur Lösung dieses Problems wurden *Investmentfonds* entwickelt. Der erste Fonds wurde in den 1920er-Jahren in den USA gegründet. Seitdem haben *Investmentfonds* einen weltweiten Siegeszug hingelegt und sind zu einer beliebten Anlageform geworden. Mittlerweile gibt es viele verschiedene Arten von *Investmentfonds*, die unterschiedliche Anlagestrategien und Risikoniveaus haben. Das Ziel einer Investition in einen *Investmentfonds* ist auf der einen Seite die Geldvermehrung und auf der anderen Seite das Sparen für die Zukunft. Für Spekulanten eignet sich diese Anlageform nicht. Warum das so ist? Nimm es an dieser Stelle bitte erstmal so hin. Die Fondsmanager wählen die Anlagen aus und treffen Entscheidungen, um das Geld der Anleger bestmöglich zu nutzen. Die Anleger profitieren von den Gewinnen, die aus den Anlagen erzielt werden, und teilen sich auch die Risiken. *Investmentfonds* bieten den Menschen die Möglichkeit, in verschiedene Anlagen zu investieren, auch wenn sie nicht viel Geld oder Fachwissen haben. Sie können ihr Geld (durchaus auch kleine Beträge – z. B. in Form eines monatlichen Sparplans) in einen Fonds einzahlen und von den Erfahrungen und dem Fachwissen der Fondsmanager profitieren. Ihr könnt jederzeit Fondsanteile erwerben oder verkaufen. Das macht *Investmentfonds* zu einer flexiblen und zugänglichen Möglichkeit, Geld anzulegen und langfristig Vermögen aufzubauen.

Argumente für die Investmentfonds: Diversifikation: *Investmentfonds* investieren in verschiedene Aktien, Anleihen und andere Wertpapiere, wodurch das Risiko verteilt wird. Wenn eine Anlage an Wert verliert, können andere Anlagen im Fonds dieses ausgleichen. Professionelle Verwaltung: Ein erfahrener Fondsmanager kümmert sich um die Investitionen. Seine Entscheidungen trifft er aufgrund umfangreicher Marktanalysen. Dies kann dazu beitragen, bessere Renditen zu erzielen, als wenn man selbst investieren würde. Zugäng-lichkeit: *Investmentfonds* sind für jeden zugänglich, unabhängig von der Höhe des investierten Betrags. Man kann mit kleinen Beträgen investieren und seine erworbenen Anteile jederzeit zurückbekommen. Sondervermögen: Wir haben bereits gese-hen, dass Kundeneinlagen bei einer Bank – wenn diese pleite-geht – staatlicherseits nur bis zu einer bestimmten Größen-ordnung abgesichert sind (ja, die Banken werben gern damit, dass ihre Kundeneinlagen zusätzlich pro Anleger in einem deutlichen Millionenbereich durch einen separaten Einlagen-sicherungsfonds des Bankgewerbes abgesichert sind. Mag sein. Allein mir fehlt der Glaube daran, dass so etwas möglich ist. Dazu später mehr.). Gelder in *Investmentfonds* hingegen liegen in einem Depot. Dieses bleibt bei einer Bankeninsolvenz un-angetastet. Es stellt geschütztes Sondervermögen dar. Flexi-bilität: Fondssparpläne habe keine festgelegte Laufzeit, kön-nen jederzeit unterbrochen, geändert und aufgelöst werden. Sie stellen im Vergleich zur privaten Rentenversicherung (ob-wohl sich dort in den letzten Jahren auch einiges getan hat) die flexiblere Ansparmöglichkeit dar.

Argumente gegen die Investmentfonds: Kosten: Es gibt Gebühren und Ausgaben, die mit *Investmentfonds* verbunden sind, wie Verwaltungsgebühren und Ausgabeaufschläge. Diese können die Rendite des Fonds verringern. Risiko: *Investment-fonds* sind mit Risiken verbunden. Der Wert des Fonds kann schwanken und es besteht die Möglichkeit, dass man sein in-vestiertes Geld verliert. Es ist wichtig, die Risiken zu verste-hen, um eine fundierte Entscheidung zu treffen. Abhängigkeit vom Fondsmanager: Der Erfolg eines *Investmentfonds* hängt von den Entscheidungen des Fondsmanagers ab. Wenn der Ma-nager schlechte Entscheidungen trifft, kann dies zu Verlusten führen. Daher ist es wichtig, einen vertrauenswürdigen und erfahrenen Fondsmanager zu wählen. Und es ist ratsam, sich vor einer Investition in einen *Investmentfonds* gut zu informie-ren und gegebenenfalls professionellen Rat einzuholen, um die Vor- und Nachteile abzuwägen.

Schützen Investmentfonds vor Inflation? *Investmentfonds* können dazu beitragen, das Risiko von Inflation zu mindern, aber sie bieten keine absolute Garantie dafür. Einige *Investmentfonds* können jedoch in Anlageklassen investieren, die dazu neigen, im Wert zu steigen, wenn die Inflation steigt. Zum Beispiel können Fonds in inflationsgeschützte Anleihen investieren, deren Zinssätze an die Inflation gekoppelt sind. Diese Anleihen bieten einen gewissen Schutz vor Inflation, da sie dazu tendieren, auch im Wert zu steigen, wenn die Inflation steigt. Darüber hinaus können *Investmentfonds* in Aktien von Unternehmen investieren, die in Branchen tätig sind, die von Inflation profitieren können, wie zum Beispiel Rohstoffunternehmen. Diese Unternehmen können ihre Preise erhöhen, um die gestiegenen Kosten aufgrund der Inflation auszugleichen. Es ist jedoch wichtig zu beachten, dass *Investmentfonds* keine Garantie gegen Verluste bieten und dass die Performance von Fonds von verschiedenen Faktoren abhängt, einschließlich der allgemeinen Marktentwicklung und der Anlagestrategie des Fondsmanagers.

Irrtümer bezogen auf Investmentfonds: Investmentfonds bringen immer Gewinne: Das stimmt nicht, da *Investmentfonds* auf dem Markt schwanken und Verluste erleiden können. Investmentfonds bringen nur Verluste: Auch das stimmt nicht. Kurz- und mittelfristig sind verlustreiche Zeiten durchaus möglich. Langfristig gesehen gibt es kaum Fonds, die auf 10-Jahres-Sicht ein negatives Ergebnis erwirtschafteten. Investmentfonds sind sicher: Das ist nicht immer der Fall, da es verschiedene Arten von *Investmentfonds* gibt, die unterschiedliche Risiken haben. Es ist wichtig, sich gut zu informieren und vorsichtig zu sein, wenn es um *Investmentfonds* geht, um realistische Erwartungen zu haben und Risiken zu minimieren.

Bedeutendster Irrtum: *Investmentfonds* sind zu teuer. Aktiv gemanagte *Investmentfonds* kosten Geld. Grob gesagt fallen beim Kauf Ausgabeaufschläge i. d. R. zwischen drei und fünf Prozent an. Dazu kommen Jahr für Jahr noch Gebühren (z. B. für das

Management oder auch für die sog. Performance, also die Leistung bzw. den Erfolg). Dennoch gibt es zahlreiche Fonds, die langfristig nach Abzug der Gebühren im Jahresdurchschnitt zehn Prozent und mehr an Rendite erwirtschaftet haben. Und, ehrlich gesagt, für diese gute Leistung bin ich bereit, in einem gewissen Umfang Geld zu zahlen. Remember: Quality is not for free! Kleiner Tipp am Rande – erkundigt euch doch bitte mal im Internet nach sogenannten. Fondsplattformen. Dort wird neben einer zumeist kostenlosen Depotführung auch die Möglichkeit geboten, zahlreiche Fonds ohne Ausgabeaufschlag zu erwerben. Ja, ihr habt richtig gelesen!

Wichtig: Gerade bei *Investmentfonds* scheiden sich die Geister. Irgendwie scheint jeder von uns jemanden zu kennen, der mit der Anlage in *Investmentfonds* schlechte Erfahrungen gemacht hat. Dabei sind in Deutschland gar nicht so viele Anleger in Investmentfonds investiert. Aus meiner Sicht solltet ihr euch die Möglichkeit, mit geringen Summen am Kurswachstum über den gesamten Planeten hinweg teilzuhaben, nicht entgehen lassen.

Die Geschlossene Beteiligung

Was versteht man unter einer Geschlossenen Beteiligung? Eine *geschlossene Beteiligung* ist eine Form der Kapitalanlage, bei der Anleger sich an einem geschlossenen Fonds beteiligen. Im Gegensatz zu offenen Fonds, bei denen Anteile jederzeit ge- oder verkauft werden können, ist eine *geschlossene Beteiligung* zeitlich begrenzt – ebenso wie die Anzahl der Investoren. Das Kapital der Anleger wird für einen bestimmten Zweck verwendet, wie beispielsweise den Bau eines Immobilienprojekts oder den Erwerb von Schiffen. Nachdem die benötigte Summe von den Anlegern eingeworben wurde, wird der Fonds geschlossen und das Kapital wird für den vorgesehenen Zweck verwendet. Die Laufzeit einer *geschlossenen Beteiligung* kann mehrere Jahre betragen. Während dieser Zeit haben die

Anleger in der Regel keinen Zugriff auf ihr investiertes Kapital. Die Rendite wird in der Regel erst am Ende der Laufzeit ausgezahlt, abhängig von den Ergebnissen des Projekts. *Geschlossene Beteiligungen* bergen in der Regel ein höheres Risiko als andere Anlageformen und sind daher eher für erfahrene Anleger geeignet. Denn bei dieser Anlageform spricht man auch von sog. unternehmerischen Beteiligungen. Und, das wissen wir, Unternehmen können pleitegehen. Passiert das hier, ist das investierte Geld vermutlich verloren.

Die Geschichte der Geschlossenen Beteiligung: Die Geschichte der *geschlossenen* Beteiligung begann in den 1970er-Jahren in Deutschland. Damals wurden viele große Immobilienprojekte realisiert, wie beispielsweise Einkaufszentren oder Bürogebäude. Um diese Projekte zu finanzieren, wurden *geschlossene Beteiligungen* eingeführt. Bei einer *geschlossenen Beteiligung* investieren viele Menschen Geld in ein gemeinsames Projekt. Das kann zum Beispiel der Bau eines Einkaufszentrums oder die Errichtung eines Windparks sein. Jeder Anleger gibt einen bestimmten Geldbetrag, um sich an dem Projekt zu beteiligen. Das gesammelte Geld wird dann für die Umsetzung des Zwecks verwendet. Die Anleger erhalten dafür Anteile an dem Projekt. Das bedeutet, dass sie am Gewinn und Verlust des Projekts beteiligt sind. Wenn das Einkaufszentrum gut läuft und Gewinne erzielt, bekommen die Anleger eine Rendite auf ihr investiertes Geld. Wenn das Projekt jedoch Verluste macht, kann es sein, dass die Anleger ihr investiertes Geld teilweise oder sogar komplett verlieren.

Geschlossene Beteiligungen waren in den 1980er und 1990er-Jahren sehr beliebt, da sie hohe Renditen versprachen. Allerdings gab es auch viele Fälle, in denen die Projekte scheiterten und die Anleger ihr Geld verloren. Das führte dazu, dass *geschlossene Beteiligungen* in den letzten Jahren kritischer betrachtet wurden und strengeren Regulierungen unterliegen. Heutzutage sind *geschlossene Beteiligungen* immer noch eine Möglichkeit, um in große Projekte zu investieren. Allerdings sollte man sich gut informieren und das Risiko genau abwägen, bevor man sein Geld investiert.

Argumente für die Geschlossene Beteiligung: <u>Hohe Rendi-</u>
<u>tepotenziale</u>: *Geschlossene Beteiligungen* können hohe Renditen
bieten, insbesondere in Branchen oder Projekten mit hohem
Wachstumspotenzial. Dies liegt daran, dass das investierte Kapital in konkrete Projekte oder Unternehmen fließt, die eine
gute Rendite erzielen können. <u>Diversifikation</u>: Durch eine *ge-*
schlossene Beteiligung können Anleger ihr Portfolio diversifizieren und in verschiedene Branchen oder Projekte investieren.
Dies kann helfen, das Risiko zu streuen und potenzielle Verluste in einem Bereich durch Gewinne in einem anderen Bereich auszugleichen. <u>Steuerliche Vorteile</u>: In einigen Ländern
können *geschlossene Beteiligungen* steuerliche Vorteile bieten.
Zum Beispiel können bestimmte Ausgaben oder Verluste steu-
erlich geltend gemacht werden, um die Steuerlast zu reduzie-
ren. Zudem gibt es immer mal wieder die Gelegenheit, Anteile
an geschlossenen Fonds in Ländern zu erwerben, in denen der
Sparerfreibetrag deutlich höher ausfällt als in Deutschland. Versteuert wird dort, wo die Ausschüttungen fließen. Und durch
das Doppelbesteuerungsabkommen, welches Deutschland mit
zahlreichen Ländern abgeschlossen hat, wird verhindert, dass
die Ausschüttung in Deutschland noch einmal versteuert wird.
<u>Mitbestimmungsrecht</u>: Als Investor einer *geschlossenen Betei-*
ligung habt ihr oft das Recht, an Entscheidungen des Unternehmens oder des Projekts teilzunehmen. Dies kann euch die
Möglichkeit geben, Einfluss auf die Entwicklung und den Erfolg des Unternehmens oder Projekts zu nehmen.

Argumente gegen die Geschlossene Beteiligung: <u>Man-</u>
<u>gelnde Liquidität</u>: *Geschlossene Beteiligungen* sind in der Regel
langfristige Investitionen, bei denen das investierte Kapital
für einen bestimmten Zeitraum gebunden ist. Es kann schwierig sein, vor Ablauf der Laufzeit an das investierte Geld her-
anzukommen. <u>Risiko des Kapitalverlusts</u>: *Geschlossene Beteili-*
gungen bergen ein höheres Risiko als andere Anlageformen. Es
besteht die Möglichkeit, dass das investierte Kapital teilweise
oder vollständig verloren geht, insbesondere wenn das Projekt
oder Unternehmen, in das investiert wurde, nicht erfolgreich

ist. <u>Begrenzte Transparenz</u>: Im Gegensatz zu börsennotierten Unternehmen gibt es bei *geschlossenen Beteiligungen* oft weniger Informationen und Transparenz über das Unternehmen oder das Projekt, in das investiert wird. Dies kann es trotz Mitbestimmungsrecht schwierig machen, eine fundierte Entscheidung zu treffen. <u>Hohe Kosten</u>: *Geschlossene Beteiligungen* können mit hohen Kosten verbunden sein, wie beispielsweise Ausgabeaufschlägen, Verwaltungsgebühren und Erfolgsbeteiligungen. Diese Kosten können die Rendite erheblich beeinträchtigen. Achte auf die sog. Investitionsquote, die dem i. d. R. auf Hochglanz polierten Verkaufsprospekt entnommen werden kann. Diese Quote sagt prozentual aus, wie viel deines investierten Geldes tatsächlich in das Projekt fließt. <u>Abhängigkeit von externen Faktoren</u>: Der Erfolg einer *geschlossenen Beteiligung* hängt oft von externen Faktoren ab, wie zum Beispiel der Entwicklung des Immobilienmarktes oder der wirtschaftlichen Situation. Diese Faktoren können nicht immer vorhergesehen oder kontrolliert werden.

Schützt eine Geschlossene Beteiligung vor Inflation?

Eine *geschlossene Beteiligung* schützt nicht direkt vor Inflation. Inflation ist ein allgemeiner Anstieg der Preise von Gütern und Dienstleistungen im Laufe der Zeit, was dazu führt, dass der Wert des Geldes abnimmt. Eine *geschlossene Beteiligung* ist eine Form der Kapitalanlage, bei der das investierte Kapital für einen bestimmten Zweck verwendet wird und eine Rendite erzielt werden soll. Die Rendite kann von verschiedenen Faktoren abhängen, wie zum Beispiel der Entwicklung des Unternehmens oder des Projekts, an dem man beteiligt ist. Wenn die Inflation steigt, kann dies Auswirkungen auf den Wert der Rendite einer *geschlossenen Beteiligung* haben. Wenn die Rendite nicht mit der Inflation Schritt hält, kann dies bedeuten, dass der reale Wert der Rendite sinkt. Es ist daher wichtig, bei der Auswahl einer *geschlossenen Beteiligung* auf die potenzielle Rendite und die möglichen Auswirkungen der Inflation zu achten. Jedoch gilt es auch zu berücksichtigen, dass ihr mit einem geschlossenen Fonds i. d. R. in Sachwerte investiert. Und die kommen im Allgemeinen unbescholtener durch inflationär kritische Zeiten als die meisten anderen Geldanlagemöglichkeiten. Es gibt jedoch keine direkte Garantie, dass eine *geschlossene Beteiligung* vor Inflation schützt.

Irrtümer bezogen auf die Geschlossene Beteiligung: Hohe Rendite: Tatsächlich sind die Renditen von *geschlossenen Beteiligungen* stark von verschiedenen Faktoren abhängig, die zu Beginn der Laufzeit des Investments i. d. R. noch gar nicht umfänglich abgeschätzt werden können. Geringes Risiko: Hier existiert ein höheres Risiko als bei anderen Anlageformen, da es sich um eine unternehmerische Beteiligung handelt, in der das investierte Kapital oft über einen längeren Zeitraum gebunden ist und es keine Garantie für eine positive Rendite gibt. Steuerliche Vorteile: Obwohl es bestimmte steuerliche Vergünstigungen geben kann, hängt dies von der individuellen Situation des Anlegers und den geltenden Steuergesetzen ab. Diversifizierung: Tatsächlich konzentrieren sich *geschlossene Beteiligungen* oft auf bestimmte Branchen oder Projekte, was zu einer geringeren Diversifizierung führen kann. Es ist wichtig, diese Irrtümer zu beachten und sich vor einer Investition in *geschlossene Beteiligungen* gründlich zu informieren und gegebenenfalls professionellen Rat einzuholen.

Bedeutendster Irrtum: Die Eckdaten der *Beteiligung* sind garantiert. Beteiligungen werden meistens durch Hochglanzprospekte angeboten, in denen der interessierte Anleger alle möglichen Inhalte und Begleiterscheinungen des zugrunde liegenden Projektes erfährt. So z. B. auch Angaben zur Höhe der jährlichen Ausschüttungen und der Laufzeit – Angaben, die den Nachfrager besonders interessieren. Doch Vorsicht, diese Werte sind nicht garantiert, sondern lediglich geplant bzw. prospektiert. Die Realität kann später komplett anders aussehen. Wer das nicht weiß, macht gegebenenfalls dicke Backen!

Das Gold

Was ist Gold? *Gold* ist ein wertvolles Metall, das in der Natur vorkommt. Es hat eine gelbe Farbe und glänzt sehr schön. *Gold* wird oft für Schmuck verwendet, wie zum Beispiel als Ring oder Kette. Es wird auch in der Industrie genutzt, zum Beispiel für elektronische Geräte oder in der Medizin. *Gold* ist sehr selten und deshalb sehr teuer. Viele Menschen betrachten *Gold* als eine sichere Investition, weil es seinen Wert behält, selbst wenn andere Dinge an Wert verlieren. Aber ist das auch wirklich so? Wir werden sehen …

Die Geschichte des Goldes: Schon vor Tausenden von Jahren haben die Menschen *Gold* entdeckt – und es als wertvolles Metall schätzen gelernt. *Gold* wurde zuerst für Schmuck und Dekoration verwendet. Nach und nach erkannten die Menschen jedoch auch, dass es einen besonderen Wert hatte, da es selten und schwer zu finden war. Daher begannen sie, *Gold* als Tauschmittel zu verwenden. Sie tauschten es gegen andere Dinge, die sie brauchten, wie Nahrung oder Kleidung. Später entwickelten sie Münzen aus *Gold*, die als offizielles Zahlungsmittel verwendet wurden. Im Laufe der Geschichte hat *Gold* immer eine wichtige Rolle gespielt. Es wurde als Währung verwendet und als Schatz gehortet. Viele Könige und Herrscher hatten große Mengen an *Gold*, um ihren Reichtum und ihre Macht zu zeigen. Auch heute noch hat *Gold* einen hohen Wert. Es wird immer noch für Schmuck und Dekoration verwendet, aber auch in der Industrie, zum Beispiel in Elektronikgeräten. Viele Menschen investieren ihr Erspartes in *Gold*, weil es als sichere Anlage gilt. Wenn die Wirtschaft schlecht läuft oder die Währung in die Knie geht, steigt oft der Wert von *Gold*. Die Geschichte des *Goldes* ist also eine Geschichte von Schönheit, Wert und Stabilität. Gold ist ein Metall, das die Menschen seit Langem fasziniert und welches sie begehrenswert finden. Allen anderen hier vorgestellten Produkten begegnen die Menschen mit Kalkül (nun gut, in Einzelfällen mag die Aktie noch davon ausgenommen sein). *Gold* hingegen kann die Emotionen, die Leidenschaft in den Menschen wecken.

Argumente für Gold: <u>Sichere Anlage</u>: *Gold* gilt als sicherer Hafen in unsicheren Zeiten. Wenn andere Anlagen wie Aktien oder Währungen an Wert verlieren, behält *Gold* oft seinen Wert oder steigt sogar. <u>Inflationsschutz</u>: *Gold* kann als Schutz vor Inflation dienen, da es normalerweise im Wert steigt, wenn die Preise steigen. <u>Langfristige Wertsteigerung</u>: Historisch gesehen hat *Gold* im Laufe der Zeit langfristig in den meisten mehrjährigen Zeitperioden an Wert gewonnen.

Argumente gegen Gold: <u>Wird gern gestohlen</u>: Durch seinen hohen Wert sollte physisches *Gold* (also Münzen, Barren, Schmuck) stets sicher aufbewahrt werden. Es kann gestohlen oder verloren gehen, was zu Verlusten führen würde. <u>Volatilität</u>: Trotz aller Stabilität kann der Goldpreis stark schwanken und kurzfristige Verluste verursachen. Es ist wichtig, die langfristige Perspektive zu betrachten. <u>Keine laufenden Erträge</u>: Im Gegensatz zu anderen Anlagen wie Aktien oder Anleihen erzeugt *Gold* keine laufenden Erträge wie Dividenden oder Zinszahlungen. Der Gewinn entsteht hauptsächlich durch den Verkauf zu einem höheren Preis. Es ist auf jeden Fall ratsam, sich vor einer Investition in *Gold* gut zu informieren und professionellen Rat einzuholen.

Schützt Gold vor Inflation? Ja, *Gold* kann als Schutz gegen Inflation dienen. Inflation bedeutet, dass die Preise für Waren und Dienstleistungen steigen und das Geld an Wert verliert. Bei einer sehr hohen Inflation kann es schwierig sein, mit dem Geld, das man hat, genug zu kaufen. *Gold* hat jedoch einen stabilen Wert und wird oft als sichere Anlage angesehen. Wenn die Inflation hoch ist, steigt normalerweise auch der Wert von *Gold*. Menschen investieren oft in *Gold*, um ihr Geld vor den Auswirkungen der Inflation zu schützen. Dennoch gibt es insbesondere durch immer wieder mögliche kurzfristige Wertschwankungen keine absolute Garantie für einen hundertprozentigen Inflationsschutz.

Irrtümer bezogen auf Gold: <u>Gold gewinnt immer an Wert</u>: Der Wert von *Gold* kann durchaus schwanken und sich ändern.

Schaut euch dazu mal bitte im Internet die Entwicklung des Goldpreises zwischen 1980 und 2000 an. <u>Gold schützt immer vor der Inflation</u>: Es ist wahr, dass *Gold* oft an Wert gewinnt, wenn die Inflationsrate steigt, aber es gibt keine absolute Garantie dafür. <u>Gold ist immer eine sichere Anlage</u>: Auch ein Irrtum. Obwohl *Gold* als sicherer Hafen gilt, birgt es immer noch Risiken und sein Wert kann sowohl steigen als auch fallen.

Bedeutendster Irrtum: <u>Große Barren kaufen</u>. Und, liebe Leute, ihr sitzt doch nicht etwa dem Ammenmärchen auf, dass man beim Goldkauf große Barren bevorzugen sollte, da diese beim Ankauf zu günstigeren Konditionen zu haben sind? Viele Menschen kaufen *Gold*, um in Notzeiten, in denen Geld nichts mehr wert ist, ein Tauschmittel zu haben. Dann geht mal in einer solchen Situation zum Bäcker, kauft ein Brot, und dann? Dann legt ihr dem Verkäufer den Riesenbarren auf den Tisch, der einen großen Wert hat, und bittet um Wechselgoldstücke. Ihr glaubt doch wohl nicht im Ernst, dass er euch so etwas aushändigen wird? Ganz sicher nicht. Der Typ hat gerade das Geschäft seines Lebens gemacht! Dagegen sind die paar Euro, die du beim Kauf im Vergleich zu kleinen Goldbarren gespart hast, lediglich ein Treppenwitz!

Wichtig: Um kein Edelmetall und gleichzeitig keine Geldanlageform ranken sich so dermaßen viele Geschichten und Mythen wie um das *Gold*. Häufig wird in aller Öffentlichkeit damit geprotzt, als Zeichen dafür, dass man es im Leben zu etwas gebracht hat. *Gold* ist ein rares Gut. Bis vor Kurzem hätte all das bisher gefundene *Gold* einen dreidimensionalen Fußball-Sechzehnmeter-Raum nicht gefüllt. Das macht es relativ wertstabil – allerdings gibt es durchaus immer wieder kurzfristige Goldpreisschwankungen, die auch heftig ausfallen können.

Die private Rentenversicherung

Was ist die private Rentenversicherung? Eine *private Rentenversicherung* ist eine Art von Versicherung, bei der ihr Geld einzahlen könnt, um regelmäßige Zahlungen zu erhalten, wenn ihr in Rente geht. Ihr zahlt über einen bestimmten Zeitraum Beiträge ein und im Gegenzug bekommt ihr später eine monatliche Zahlung, um euer Einkommen im Ruhestand zu ergänzen. Es ist eine Möglichkeit, zusätzliches Geld zu haben, wenn ihr nicht mehr arbeitet. So könnt ihr euch auch im Alter Dinge leisten, die ihr euch wünscht.

Die Geschichte der gesetzlichen Rentenversicherung: Die Rentenversicherung ist eine Art von Versicherung, die Menschen finanzielle Unterstützung im Ruhestand bietet. Ihre Geschichte begann im späten 19. Jahrhundert in Deutschland. Damals gab es viele Menschen, die im Alter arm waren, da sie keine finanzielle Absicherung hatten. Die Regierung führte die Rentenversicherung ein, um diesen Menschen zu helfen. Dabei war die Idee, dass die Arbeitnehmer während ihres Arbeitslebens Beiträge zur Rentenversicherung zahlen würden, die in einen gemeinsamen Topf gehen. Wenn die Menschen in den Ruhestand gingen, würden sie eine monatliche Rente erhalten, die von den gesammelten Beiträgen abhängt. Die Rentenversicherung hat sich im Laufe der Zeit weiterentwickelt und ist nun in vielen Ländern auf der ganzen Welt verbreitet. Sie bietet den Menschen Sicherheit und finanzielle Stabilität im Ruhestand. Die Rentenversicherung ist ein wichtiger Teil des sozialen Sicherungssystems und hilft den Menschen, ihren Lebensstandard auch nach dem Arbeitsleben aufrechtzuerhalten. Da jedoch in Deutschland durch die aktuelle demographische Entwicklung immer weniger Erwerbstätige für immer mehr Rentner bezahlen, könnt ihr euch vielleicht vorstellen, dass das Niveau der gesetzlichen Renten für ein materiell sorgenfreies Leben im Alter nicht ausreichen kann. Hier kann die private Vorsorge ergänzend wirken.

Die Geschichte der privaten Rentenversicherung: Die *private Rentenversicherung* hat eine lange Geschichte, die bis ins 18. Jahrhundert zurückreicht. Damals begannen einige Versicherungsgesellschaften, Rentenpläne anzubieten, um Menschen im Alter finanziell abzusichern. Im Laufe der Zeit entwickelte sich die *private Rentenversicherung* weiter. Im 19. Jahrhundert wurden erste staatliche Rentensysteme eingeführt, um ältere Menschen zu unterstützen. Gleichzeitig begannen private Versicherungsgesellschaften, Rentenversicherungen anzubieten, bei denen Menschen regelmäßig Geld einzahlen konnten, um im Alter regelmäßige Auszahlungen zu erhalten. Im 20. Jahrhundert wurden *private Rentenversicherungen* immer beliebter. Die Menschen erkannten, dass es wichtig ist, für die Zukunft vorzusorgen und ein zusätzliches Einkommen im Ruhestand zu haben. Die Versicherungsgesellschaften entwickelten verschiedene Arten von Rentenversicherungen, um den unterschiedlichen Bedürfnissen der Menschen gerecht zu werden. Heute ist die *private Rentenversicherung* eine weit verbreitete Form der Altersvorsorge. Viele Menschen schließen eine Rentenversicherung ab, um sicherzustellen, dass sie im Alter genug Geld haben, um ihre Lebenshaltungskosten zu decken. Die Versicherungsgesellschaften verwalten das eingezahlte Geld und investieren es, um es im Laufe der Zeit wachsen zu lassen. Wenn die Menschen in Rente gehen, erhalten sie dann eine monatliche Rente basierend auf ihren Einzahlungen und den Anlageerträgen. Möglich ist bei Fälligkeit auch die Auszahlung des Gesamtbetrags auf einmal, wenn ihr euch bei Vertragsabschluss (hoffentlich) diese Option gesichert habt.

Argumente für die private Rentenversicherung: <u>Sicherheit für die Zukunft</u>: Eine *private Rentenversicherung* bietet eine regelmäßige Rente, die euch finanzielle Sicherheit im Ruhestand geben kann. <u>Flexibilität bei der Beitragszahlung</u>: Ihr könnt selbst entscheiden, wie viel ihr monatlich oder jährlich in eure Rentenversicherung einzahlen möchtet. <u>Steuerliche Vorteile</u>: Die Erträge aus ab 2005 abgeschlossenen Verträgen sind zu 50 % steuerfrei (Halbeinkünfteverfahren), wenn sie mindestens 12 Jahre laufen und ihr bei Fälligkeit mindestens 60 Jahre alt seid.

Argumente gegen die private Rentenversicherung: Unsicherheit über den Ertrag: Der tatsächliche Ertrag eurer Rentenversicherung hängt von verschiedenen Faktoren ab, wie zum Beispiel der Höhe der gezahlten Beiträge und der Entwicklung der Kapitalmärkte. Es besteht immer das Risiko, dass die Rendite niedriger ausfällt als erwartet. Gebühren und Kosten: Manche Versicherungen erheben hohe Verwaltungsgebühren oder zahlen hohe Verkaufsprovisionen, die den Ertrag mindern können. Keine Flexibilität bei Auszahlung: Bei einigen Rentenversicherungen gibt es Einschränkungen dahingehend, wie und wann ihr eure Rente erhalten könnt. Es kann sein, dass ihr nicht vorzeitig auf das angesparte Geld zugreifen könnt, wenn ihr es dringend benötigt. Daher ist es gerade bei diesem Produkt sehr wichtig, dass ihr euch vor Abschluss über dessen Vor- und Nachteile im Klaren seid und die Bedingungen sorgfältig prüft, um die richtige Entscheidung für eure finanzielle Zukunft zu treffen.

Schützt die private Rentenversicherung vor Inflation?
Eine *private Rentenversicherung* schützt nicht direkt vor Inflation. Die Höhe der Rente, die ihr aus einer *privaten Rentenversicherung* erhaltet, hängt von verschiedenen Faktoren ab, wie zum Beispiel den eingezahlten Beiträgen, den Gewinnen aus den Investitionen und den Verwaltungskosten der Versicherungsgesellschaft. Wenn die Inflation steigt, kann dies dazu führen, dass die Kaufkraft deiner Rente abnimmt, da die Preise für Waren und Dienstleistungen steigen. Es gibt jedoch einige Versicherungsprodukte, die eine Inflationsanpassungsoption bieten. Diese Option ermöglicht es, dass die Rente jedes Jahr entsprechend der Inflationsrate angepasst wird. Dies kann helfen, die Kaufkraft der Rente im Laufe der Zeit zu erhalten.

Irrtümer bezogen auf die private Rentenversicherung:
Private Rentenversicherungen garantieren eine attraktive Rendite: Das ist nicht immer der Fall, da die Höhe der Rente von

verschiedenen Faktoren wie der Höhe der eingezahlten Beiträge und der Entwicklung der Finanzmärkte abhängt. Private Rentenversicherungen garantieren Sicherheit: Auch das stimmt nicht immer, da es Risiken gibt, die den prognostizierten Erfolg negativ beeinflussen können (wie zum Beispiel Niedrigzinsphasen oder fallende Immobilienpreise, da Versicherungen in Deutschland ihre Gelder in erster Linie in eher konservativen Anlagen unterbringen müssen).

Bedeutendster Irrtum: *Private Rentenversicherungen* bescheren dem Anleger immer ein positives Ergebnis. Die Erfahrung zeigt leider, dass das nicht richtig ist. Denn es sind in der Vergangenheit schon Versicherungsunternehmen pleitegegangen. Bei einer solchen Insolvenz springt zwar eine sog. Auffanggesellschaft helfend bei. Doch i. d. R. können dadurch nicht alle von den Kunden eingezahlten Gelder gerettet werden.

Wichtig: *Private Rentenversicherungen* sind ein beliebtes Mittel, um die Einkünfte aus der staatlichen Altersrente zu ergänzen – was bei den meisten Mitbürgern dringend notwendig ist. Dabei sind die Renditeaussichten aufgrund von hohen Kosten und Beschränkungen bei den Anlagemöglichkeiten eher begrenzt. Um dich vor Abschluss einer solchen Versicherung bestmöglich abzusichern, fragt ihr euren Versicherungsberater bitte mal danach, wie dessen Unternehmen beim letzten Stresstest abgeschnitten hat. Meint er es ehrlich mit dir, wird er euch erklären, was das ist, und euch auch das entsprechende Abschneiden seiner Versicherung nicht vorent-halten.

Kleiner Tipp am Rande: Habt ihr bei Fälligkeit die Möglichkeit, euch statt der monatlichen Rente alles auf einmal auszahlen zu lassen, dann nutzt diese. Warum? Nun – vielleicht könnt ihr sowieso gerade einen größeren Betrag zur freien Verfügung gebrauchen – dann passt es eh. Ansonsten legst du das Geld so an, wie ihr das möchtet. Das macht ihr aller

Wahrscheinlichkeit nach rentabler, als es die Versicherung weiterhin tun könnte, da deren Anlagemöglichkeiten ja gesetzlich limitiert sind.

„In der Natur ist kein Irrtum,
sondern wisse,
der Irrtum ist in dir."

Leonardo da Vinci

GENERELLER IRRTUM BEI DER GELDANLAGE

Jetzt mal Hand aufs Herz – im schlimmstmöglichen Fall (große Banken insolvent, große Teile der Wirtschaft erleiden dann das gleiche Schicksal, die Pleitewelle läuft durch das Land wie eine ewig lange Reihe fallender Dominosteine, der Staat geht in die Knie …) – wer in unserem Land soll dann noch in der Lage sein, dem Sparer, der bei seiner Bank ein Festgeld laufen hat, diese Einlagen zu sichern? Dem Aktionär seinen Anteil an einer insolventen Aktiengesellschaft auszuzahlen? Dem Kopfkissensparer wird sein dann wertloses Bargeld sowieso nicht ersetzt. Es glaubt doch keiner wirklich, dass in einer solchen Situation irgendein Auffangschutz für Anlegergelder – egal, ob staatlich oder von Finanzdienstleistern initiiert – noch in der Lage sein wird, größere Teile der angelegten Kundengelder zu sichern? Gut, das wird wohl nie passieren. Aber die ultimative Sicherheit in der Geldanlage gibt es halt nicht. Dessen bin ich mir sicher! Doch eine Überlegung zum Abschluss sei noch erlaubt – wer vor 100 Jahren einen US-Dollar hatte, den er nicht ausgegeben hat, dem ist davon heute vielleicht noch ein Wert von einem Cent geblieben. Wer vor 100 Jahren einen kleinen Goldbarren hatte, den er nicht verkauft hat, der hat heute … genau … immer noch diesen Goldbarren!

RESÜMEE

So, Leute, was haben wir hier? Wir haben uns mit Irrtümern beschäftigt. Und zwar mit welchen aus der Finanzwelt. Dazu haben wir 11 gängige Möglichkeiten ausgesucht, wie ihr euer Geld anlegen könnt. Haben diese definiert. Haben ihre geschichtliche Entwicklung aufgerollt. Die ihnen allgemein zugesprochenen Vor- und Nachteile betrachtet. Geschaut, wie sie zur Inflation stehen. Und dann die mit ihnen einhergehenden Irrtümer bearbeitet. Den dabei, aus meiner Sicht, folgenschwersten Irrtum extrahiert. Und schreiben jetzt das Resümee. Dieses sieht wie folgt aus: – Wenn ihr das schon alles wusstet – ok. Ich denke, das könnte schon auf den ein oder anderen zutreffen. Natürlich werden einige von euch nur so tun, als ob das hier alles selbstverständlich wäre. Euch allen dennoch vielen Dank für das Kaufen meines Buches. Vielleicht nützt es ja doch ein wenig ...

Wenn euch das noch nicht alles bewusst war, hoffe ich, euch ein paar Anregungen gegeben zu haben. – Werft immer mal wieder einen Blick auf eure Finanzen. – Überprüft regelmäßig, ob noch alles in die richtige Richtung geht. Wenn ihr in einer Beratung etwas nicht versteht, unterschreibt bitte nichts. Recherchiert erst selbst oder holt eine zweite Meinung ein. So vermeidet ihr womöglich Irrtümer, die vielleicht nicht lebensgefährlich sind, euch aber, wenn es schlecht läuft, viel Geld kosten können.

Und denkt daran – ihr könnt spätestens jetzt richtig einschätzen, wenn euch jemand sagt: „Ich investiere nur noch in Gold. Große Barren. Die kriegt man nämlich günstiger als das kleine Zeug." Bzw.: „Ich finanziere mein Haus komplett über meine Bausparkasse. Günstiger geht es nicht." Oder der Klassiker: „Ich lege mein Geld nicht in diesen risikoreichen Fonds an. Ich gehe auf Nummer sicher – und mache nur noch in Aktien!"

Fini.
Danke.

DIE IRRTÜMER BEI DER GELDANLAGE IN TABELLENFORM
(die bedeutendsten Irrtümer erscheinen hier *kursiv*)

GELDANLAGE	IRRTUM	WIRKLICHKEIT
Kopfkissen	*Sicherheit*	*Gefahr durch Diebstahl.*
Festgeld	Hohe Rendite	Geringe Rendite.
	Flexibilität	Stark eingeschränkt.
	Passend für jeden	Zu geringe Rendite für langfristige Anleger; zu unflexibel für kurzfristige Anleger.
	Sicherheit	*Bei Bankpleite greift die staatliche Absicherung nur bis zu bestimmter Höhe.*
Sparbuch	Hohe Rendite	Im Vergleich zu den meisten anderen Produkten eher gering.
	Flexibilität	Ohne Zusatzkosten und Kündigung verfügbar nur bis zu bestimmtem Betrag im Monat.
	Sparbuch kann man sich sparen	*Nein, da gut zu gebrauchen für Aufbewahrung von Liquidität und Heranführen des Nachwuchses an Geldgeschäfte.*
Bausparvertrag	Optimale Finanzierung für Hausbau	Nicht immer. Je nach Marktlage kann Bankdarlehen günstiger sein.
	Hohe Rendite	Zinsen auf Guthaben sind eher niedrig. Rendite steigt, wenn Förderung durch Staat möglich.
	Inflationsschutz	Nein, da geringe Zinsen für Guthaben; I. d. R. niedriger als Inflation. Durch Nutzung Darlehen dient er jedoch zur Investition in Sachwerte, was Richtung Inflationsschutz gehen kann.

	Flexibilität	I. d. R. nicht durch Mindestlauf-zeiten und Bedingungen für Ver-wendung des Darlehens.
	Niedrige Kosten	*Beileibe nicht! Diverse Kosten und insbesondere die Abschlussgebühr machen Bausparen teuer.*
Wohneigentum	Permanente Wertsteigerung	Nein. Immobilienmarkt ist schwankend.
	Automatischer Wohlstand	Nein, da hoher Kostenblock für Instandhaltung möglich.
	Keine Miete im Rentenalter	Das mag wohl sein. Die Investi-tionen in den Werterhalt, regel-mäßig, können jedoch viel teurer kommen als Miete.
	Flexibilität durch Wei-ternutzung bei Umzug	*Versucht mal bei schnellem berufsbe-dingten Umzug angemessenen Ver-kaufspreis bzw. solvente, zuverläs-sige Mieter zu bekommen. Klappt häufig nicht richtig. Folgen können Geldverlust und/oder kaputte Ner-ven sein. Und leer stehen lassen ist auch keine Lösung.*
Aktie	Sicherheit	Nein. Entwicklung hängt u. a. von Wirtschaftslage, dem Markt und dem Unternehmen selbst ab.
	Nur für Experten	Jeder kann investieren, auch ohne umfassende Kenntnisse.
	Nur für Reiche	Ihr könnt bereits mit kleinen Beträgen investieren.
	Immer Gewinn bei Verkauf	Ist der Verkaufskurs kleiner als der Kaufkurs, wird ein Verlust herauskommen (mögliche Dividenden mal außen vor gelassen).

	Ständig muss der Markt beobachtet werden Glücksspiel	Langfristiges Investieren und diversifizierte Strategie können erfolgreicher sein. Analysen und Informationen, Strategien und fundierte Entscheidungen verbessern die Erfolgschancen.
	Schnell reich werden	*Dafür gibt es keine Garantie. Die Märkte schwanken. Daher sollten Investitionen in Aktien stets langfristiger Natur sein. Spekulanten verbrennen sich häufig die Finger.*
Anleihe	Feste Verzinsung	Haben nicht alle Anleihen. Es gibt auch variable Verzinsung und sogar Null-Kupon-Anleihen.
	Börsenhandel	Nicht alle. Es gibt Anleihen, die nur außerbörslich gehandelt werden können.
	Hohe Rendite	Im Vergleich zu eher konservativen Anlagen ja. Im Wettbewerb mit eher risikoreichen Anlagen nein.
	Sicherheit	*Geht der Emittent pleite, verlieren Anleger ihr Geld.*
Investment-Fonds	Bringen immer Gewinn	Sie unterliegen Kursschwankungen.
	Bringen nur Verluste	Sie unterliegen Kursschwankungen. Klar jetzt?
	Sicherheit	Nein. Unterschiedliche Arten von Fonds unterliegen unterschiedlichen Risiken.
	Hohe Kosten	*Nein. Begründung zu lang. Siehe Fließtext.*
Geschlossene Beteiligung	Hohe Rendite	Nicht immer. Schwer vorhersagbar. Entscheidet sich während des Projekts.

	Geringeres Risiko	Hohes Risiko durch lange Kapitalbindung und keine Renditegarantie.
	Steuerliche Vorteile	Nicht immer. Hängt ab von individueller Situation und geltendem Steuerrecht.
	Eckdaten sind Garantiert	*Ganz wichtig: Angaben zu z. B. Ausschüttungen und Laufzeit sind in Aussicht gestellt – aber nicht garantiert!!!*
Gold	Gewinnt immer an Wert	Der Goldpreis schwankt. Seht z. B. die Entwicklung von 1980 bis 2000.
	Schutz vor Inflation Sicherheit	Passt häufig, aber nicht immer. Gold gilt als sicherer Hafen. Ist es i. d. R. auch. Aber nicht immer. Der Kurs kann auch fallen.
	Große Barren kaufen	*Blödsinn! Wegen ein paar Euro Ersparnis verlierst du jegliche Flexibilität! Begründung zu lang. Siehe Fließtext.*
Private Rentenversicherung	Hohe Rendite	I. d. R. nicht. U. a. durch Restriktionen bzgl. der Geldanlagemöglichkeiten der Versicherungen.
	Ergebnis immer Positiv	Nein. Siehe vorherige Begründung.
	Garantierte Sicherheit	*Versicherungsgesellschaften können insolvent werden. I. d. R. wird dann ein Teil der Kundeneinlagen gerettet, aber nicht alles.*

KURZERKLÄRUNG VON IM TEXT NICHT NÄHER ERLÄUTERTEN FACHBEGRIFFEN IN TABELLENFORM

FACHBEGRIFF	KURZERKLÄRUNG
Ausgabeaufschlag	Wird vom Anleger beim Kauf von Investmentfonds gezahlt. Ist ein Aufschlag auf die Anlage in der Größenordnung zwischen 0 und mehreren Prozent. Dient in erster Linie zur Deckung der Vertriebskosten des Fonds.
Bedürfnisse	Mangelgefühl verbunden mit dem Wunsch, ebendiesen Mangel zu beseitigen. Das Spektrum reicht von Grundbedürfnissen bis Luxus.
Börse	Ort, an dem Wertpapiere gehandelt werden. Durch Angebot und Nachfrage werden hier die Preise für die Papiere bestimmt.
Bonität	Drückt die Kreditwürdigkeit und damit die Fähigkeit von Personen, Unternehmen und Staaten aus, Geld zurückzahlen zu können. Eine gute Bonität deutet z. B. auf ein stabiles Unternehmen hin, eine schlechte Bonität auf ein erhöhtes Ausfallrisiko.
Doppel Besteuerungsabkommen	Deutschland hat mit zahlreichen Ländern ein Doppelbesteuerungsabkommen. Dieses verhindert, dass die in diesen Ländern angefallenen Steuern in Deutschland noch einmal erhoben werden.
Einlagen Sicherungssystem	Eine Art Versicherungssystem zum Schutz von Kundengeldern bei der Insolvenz einer Bank – bis zu einem bestimmten Betrag. Soll dem Geldanleger Vertrauen zu Banken und dem Finanzsystem geben.
Finanzierung	Beschaffung von Kapital zur Durchführung von Geschäftsaktivitäten oder zur Erfüllung persönlicher Bedürfnisse – z. B. von einer Bank.

Fondsgesellschaft	Unternehmen zur Betreuung und Verwaltung von Investmentfonds. Verteilt Anlegergelder auf verschiedene Wertpapiere und wickelt Kauf und Verkauf von Fondsanteilen ab.
Immobilie	Dauerhaft mit dem Boden verbundenes Grundstück oder Gebäude zur privaten oder gewerblichen Nutzung. Z. B. Haus, Wohnung, Bürogebäude ...
Investor	Investiert i. d. R. langfristig Geld, um finanzielle Gewinne zu erzielen.
Kapitalmarkt	Teil des Finanzmarkts. Hier werden langfristige Wertpapiere wie Aktien, Anleihen, Investmentfonds o. Ä. gehandelt.
Kontoführungs-gebühr	Dient einem Finanzdienstleister zur Deckung der Kosten für die Verwaltung eines Kontos.
Landeswährung	In einem bestimmten Staat gültige Währung.
Laufzeit einer Geldanlage	Bis zu 1 Jahr i. d. R. kurzfristig. Von 1 bis 4 Jahre i. d. R. mittelfristig. Ab 4 Jahren i. d. R. langfristig.
Liquidität	Vorhandensein von ausreichendem Bargeld o. ä. Mitteln zur Begleichung von kurzfristigen Verbindlichkeiten.
Nominalwert	Der festgelegte Wert (Nennwert), zu dem ein Wertpapier ausgegeben wird.
Performance	Gibt die Wertentwicklung einer Geldanlage in einem bestimmten Zeitraum an. Wird i. d. R. durch prozentualen Zuwachs oder Verluste ausgedrückt.
Rendite	In Prozent ausgedrückter Gewinn oder Verlust einer Anlage im Verhältnis zum für sie eingesetzten Kapital.
Restschuld	Nach Abzug der bereits geleisteten Tilgung eines Kredits/Darlehens noch übrig bleibender Betrag.

Rohstoffe	Ressourcen der Natur, die in der Wirtschaft eine wichtige Rolle spielen, da sie zur Herstellung von Produkten dienen.
Sachwerte	Materielle Vermögenswerte, die im Unterschied zu z. B. Wertpapieren physisch existieren. Sie gelten als langfristige Güter, die aufgrund ihrer Stabilität i. d. R. weniger schwanken, als Finanzmarktprodukte.
Schulden	Finanzielle Verbindlichkeiten gegenüber einem Gläubiger (Geldgeber), die i. d. R. verzinst zurückgezahlt werden müssen.
Spekulant	Will durch schnelles, riskantes Kaufen und Verkaufen in den Finanzmärkten kurzfristig Gewinne erzielen.
Stresstest	Überprüft die Stabilität von Finanzinstituten durch Simulation von extremen Szenarien. Dient dem Aufspüren von Schwachstellen und der Sicherstellung der Bewältigung von finanziell schwierigen Zeiten.
Verkaufsprospekt	Enthält weitreichende Informationen über ein Geldanlageangebot. Dient dem Anleger als fundierte Entscheidungshilfe bzgl. einer evtl. Investition.
Vermögen	Bezieht sich im Allgemeinen auf den Gesamtwert der Besitztümer einer Person, eines Unternehmens oder einer Organisation, sowohl materiell als auch immateriell.
Wechselkurs	Zeigt den Wert einer Währung im Vergleich zu einer anderen Währung und bestimmt damit den Preis für einen Währungstausch.

„Irrtümer haben ihren Wert,
jedoch nur hier und da.
Nicht jeder, der nach Indien fährt,
entdeckt Amerika."

Erich Kästner

Der Autor

Heiko Probst war nach Schule, Ausbildung und Studium lange Jahre Vermögensberater. Ausgebremst durch die Parkinson-Krankheit brauchte er einige Zeit, um sich neu zu sortieren. In dem Schreiben von kritischen Finanzbüchern fand er ein neues Betätigungsfeld, immer in der Hoffnung, mit seinen verständlich geschriebenen Texten bei den Mitbürgern das Interesse am Vermögensaufbau zu wecken. Denn daran mangelt es in unserem Land – mit unschönen Konsequenzen.

Heiko Probst hat eine Tochter und einen Sohn. Begeistern können ihn alte Schwarz-Weiß-Filme, die Dynamik von Rock-Konzerten sowie die Gemeinschaft bei PingPongParkinson, wo sich Parkinsonerkrankte je nach Möglichkeit zum Tischtennisspielen und/oder freundschaftlichen Austausch treffen.

Aus Niedersachsen stammend lebt er nun mit seiner Lebensgefährtin im Kreis Fulda in Hessen.

Milton Keynes UK
Ingram Content Group UK Ltd.
UKHW021837301124
451618UK00007BA/245

9 783991 306276